ESSAIS

SUR L'HISTOIRE DE LA VILLE

DE CHINON.

LK 7 2069 A (69)

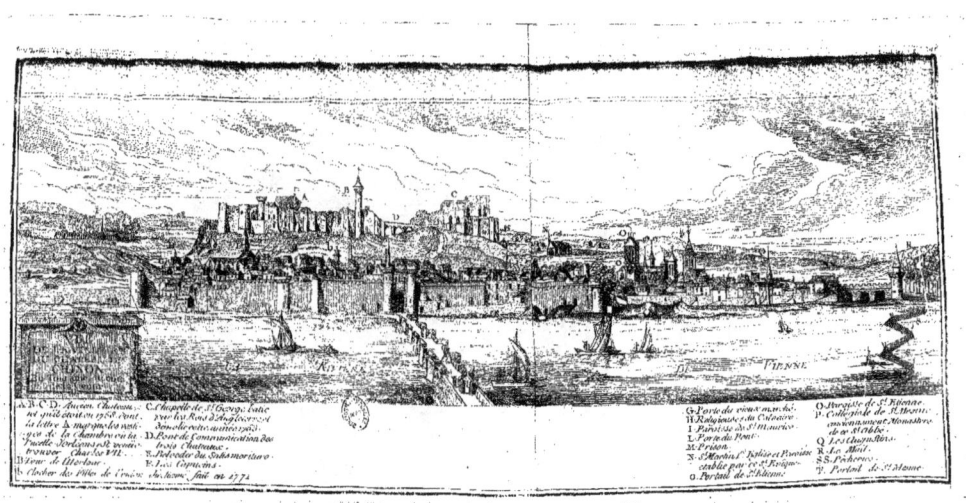

Ex bono auctoris.

ESSAIS

SUR

L'HISTOIRE DE LA VILLE

DE CHINON,

PAR M. DUMOUSTIER, ex-capitaine commandant du corps d'artillerie, pensionné de l'État, anciennement membre de plusieurs académies de France et d'Allemagne, domicilié de cette ville.

SECONDE ÉDITION

Revue, corrigée et augmentée.

A CHINON,

Chez COUFINHAL, libraire.

1809.

AUX HABITANS
DE LA VILLE
DE CHINON.

Un des plus beaux traits du caractère des Français est un tendre attachement pour leur patrie. Ce sentiment fut toujours profondément gravé dans vos cœurs; aussi l'Auteur de ces Essais historiques sur votre ville croit-il pouvoir espérer que vous verrez cet ouvrage avec d'autant plus d'intérêt, que l'histoire du pays que nous habitons ordinairement nous plaît davantage que l'histoire générale, qui, avec des tableaux plus parlans, et avec des époques plus mémorables, nous touche quelquefois moins. C'est ainsi qu'après avoir admiré les palais des grands et leurs superbes dehors, nous revoyons toujours avec plus de plaisir l'humble chaumière qui nous a vu naître, et le champ qui nous a nourris.

Habitans de cette agréable cité ! en vous pénétrant d'une vérité aussi naturelle, et du zèle mis dans la rédaction de ces Essais, que chacuu de vous doit se procurer pour les transmettre dans leur état actuel à ses enfans, vous ne douterez pas de l'attachement respectueux de celui qui est inviolablement

Votre bien dévoué et affectionné serviteur,

DUMOUSTIER.

PRÉFACE.

L'Auteur qui publie aujourd'hui ces Essais historiques sur la ville de Chinon, a l'avantage de n'avoir pas à se justifier ici de leur donner le jour un peu tard. On sait qu'il n'habite cette ville que depuis qu'il s'est retiré du service, et que le tems de la révolution n'a pas été celui où il pouvait faire des recherches qui auraient été inutiles, ce fléau ayant détruit presque tous les titres qui lui auraient servi pour rendre cet ouvrage plus complet; il n'y va faire usage que des notes qu'il a trouvées, concernant la ville de Chinon et les villes voisines, dans les bibliothèques, et dans les chartriers qui lui ont été ouverts lorsqu'il a entrepris l'histoire du Loudunais. Leur stérilité, malgré l'exactitude de ces recherches, lui a fait presqu'abandonner le projet qu'il avait de les mettre au jour; mais il a considéré que ce serait tout-à-fait les perdre que de les laisser plus long-tems dans l'oubli; il demande ici de l'indulgence pour l'ensemble qu'il leur a

PRÉFACE.

donné, sans cependant craindre toute critique attentive, judicieuse et impartiale, sur-tout si elle peut porter quelqu'un à faire mieux que lui. Cet Auteur ne peut presque rien dire du château de cette ville, la plus grande partie des tours qui l'environnent étant aujourd'hui encombrée de pierres, de gravois et de terres. Il y fait une description exacte des vestiges encore existans, au-dessus du village de Cinais, d'un camp romain auquel on n'a pas fait attention jusqu'à présent dans le pays, quoiqu'il soit peut-être le seul en France de son espèce. Il y parle des différens souverains français et anglais qui ont possédé Chinon, et des titres sous lesquels ils en ont successivement joui; en y rapprochant, autant que possible, les évènemens particuliers qui y ont eu lieu, de ceux dont ils ont pu découler sous les règnes respectifs de ces rois. Ne les avoir pas liés ensemble, c'aurait été opérer dans les premiers une espèce de déchirement, d'autant plus désagréable pour le lecteur, que leurs traits lui auraient paru des effets isolés sans des causes sensibles. L'histoire des possédés de cette ville

PRÉFACE.

y est traitée avec le flegme de la philosophie et de la raison. Il fait mention dans ces Essais de la fondation des églises, des couvens, et autres établissemens qui y existaient avant la révolution, ainsi que de la création des tribunaux et des charges dont ces tribunaux étaient composés à cette époque, pensant que la citation de leurs édits de création peut intéresser les villes qui ont eu de pareilles juridictions. Il n'y parle pas des anciennes redevances et des anciens services militaires auxquels étaient tenu les fiefs qui relevaient autrefois du château de Chinon, les titres qui les concernaient ayant été tous brûlés dans ces derniers tems. Cet auteur, termine ces Essais par les hommages qu'il rend à la mémoire des hommes de lettres que ce pays a vu naître.

Il rapporte aussi, à la suite de ces Essais, plusieurs projets pour cette ville, dont l'exécution honorerait beaucoup les administrateurs qui la soliciteraient auprès du Gouvernement.

L'auteur toujours fidèle et exact dans ses récits et dans ses citations n'altèrera pas, pour plaire à quelques uns de ses lecteurs, les légendes et les titres sur lesquels il se fonde, pour parler des miracles de S. Mexme et S. Dumoustier. Il les invite à ne point lui supposer la prétention de parenté avec ce dernier; mais à convenir que cette consanguinité est possible.

Des personnes connues pour avoir fait imprimer, lors de la première édition de ces Essais, et avoir répandu à Chinon et aux environs, un accrostiche en latin contre l'auteur de cet ouvrage ont été d'autant plus blâmées de leur inconsidération qu'elles devaient savoir que la littérature est une espèce de théâtre où l'on a le droit de siffler les acteurs qui n'y jouent pas bien leur rôle, mais sans avoir celui de les insulter personnellement. Quelque grande que soit la faute rappelée ici, le repentir sincère qu'en ont eu ceux qui l'ont commise doit aujourd'hui la faire oublier au public que cette diatribe a scandalisé, et à celui qu'elle a voulu calomnier dans la Société.

On a joint ici la perspective de la ville et du château de Chinon telle qu'elle était

PRÉFACE.

quelques années avant la révolution. Depuis ce tems, la sous-préfecture a été transférée dans une partie de la maison des Augustins.

L'ancien hôpital est devenu la caserne de la gendarmerie; cet hôpital est aujourd'hui dans l'ancienne maison du Calusaire.

L'église et la maison des Capucins, l'église de Saint-Jacques, et la superbe tour de l'église de Saint-Étienne ont été détruites de fond en comble dans la fureur de la révolution.

Les maisons des Ursulines, des dames de l'Union-Chrétienne et de la Charité, appartiennent aujourd'hui à des particuliers qui les ont achetées.

L'église de Saint-Mexme a été conservée, et aura sûrement un jour une toute autre destination que celle de son usage actuel.

ESSAIS

SUR

L'HISTOIRE DE LA VILLE DE CHINON.

Un petit manuscrit de cinq à six pages, plein d'anachronismes, qui a été imprimé et publié, il y a long-tems, sur la ville de Chinon, prétend que *Turnus*, après avoir jeté les fondemens de la ville de Tours, bien avant la naissance de Jésus-Christ, fit construire le château du Coudrai de cette première ville, du côté de la place du Vieux-Marché, et que les deux autres petits châteaux qui le suivent du côté du levant furent bâtis long-tems après. Ce roi des Rutules, qu'Énée tua de sa propre main, comme rival dans ses amours pour Lavinie, n'est sûrement pas venu à Chinon pour faire une pareille construction.

Il est certain que ces trois châteaux n'ont pas été bâtis par les Romains. Ces conquérans se servaient indifféremment de toutes les pierres en moîlon qu'ils trouvaient dans les endroits où ils voulaient faire quelques constructions. Ils formaient le parement extérieur de leurs murs avec les pierres les plus régulières qu'ils avaient; ils les façonnaient avec le marteau, sans jamais employer le ciseau; ils remplissaient le corps de ces murs par une espèce de ciment nommé *beton* ; ils plaçaient horisontalement de larges briques pour faire des liaisons et pour avoir des points d'appui sur ces mêmes murs qui, vu l'irrégularité de la taille de ces pierres, ne présentaient à l'œil qu'une surface inégale.

Les murs actuels de ces trois petits forts n'ont aucune espèce de marque de cette bâtisse ; ils portent plutôt l'empreinte d'ouvrages gaulois ou des Français qui s'établirent dans les Gaules, que celle des siècles précédens. Du tems de ces premiers on voyait beaucoup de forteresses sur des hauteurs, défendues de forts donjons avec des grosses et des petites tours à créneaux et à meurtrières, qui avaient quelquefois des étages souterreins pour rendre moins plongeantes leurs armes de jet. Il y en avait aussi avec des passages voûtés sous terre, par lesquels des hommes armés à pied et à cheval pouvaient aisément sortir pour aller protéger les campagnes des environs. Les Français continuèrent à construire ainsi leurs forteresses jusqu'au commencement du quatorzième siècle, où le Fribourgeois Bertholde Schwartz, cordelier, inventa la poudre à tirer. On ajouta seulement dans le dixième siècle et dans les siècles suivans jusqu'à cette époque, des piliers butans aux murs d'enceinte de ces forts, qui furent changés en d'autres fortifications depuis cette nouvelle découverte.

Voyons présentement si les trois forts composant le château de Chinon ont été autrefois bâtis pour remplir ces principaux objets. Voici la description exacte de ce qui reste aujourd'hui de cette ancienne fortification, dont les tours en grande partie fondues sont encombrées.

Le château de cette ville, qui au dehors ne paraît faire qu'un, est cependant composé de trois parties distinctes et séparées par de larges et profondes douves, autrefois avec des ponts-levis, et aujourd'hui avec des ponts en pierre, pour communiquer du fort du milieu, qui est le plus grand, avec ceux qui le touchent latéralement. Dans la partie du Vieux-Marché et de l'Hospice il y a une tour de plain-pied avec deux étages au-dessous, qui ont chacun un escalier pris dans l'épaisseur du mur, et dans lesquels il y avait un moulin à moudre du blé. On voit l'adhérence de cette tour à un mur du côté de cet hospice et du côté de la ville. Il existe au bout une seconde tour dans laquelle est un escalier au-dessus, de plain-pied pour aller à une tour isolée, peu éloignée, dans laquelle se trouve une coursière en pente souterreine, pour aller à un puits, et qui se prolonge, suivant une tradition locale, jusqu'au Fontenis, à un demi-quart de lieue de Chinon. Il y a dix ans que les officiers de la garnison allaient encore sous le lit de la rivière, par une voûte qui prenait depuis la seconde tour dont on vient de parler, jusqu'à la maison du Plessis près le Vaugaudri, et qui conduisait, assure-t-on, aux souterrains de la Roche-Clermault, à une lieue de cette ville, et de là sous l'ancien château de Loudun éloigné de quatre lieues de celui de Chinon.

Le fort du milieu renferme quelques bâtimens inhabités, à côté desquels on voit le plain-pied d'une tour correspondante à celle qui existe encore aujourd'hui à Loudun, et qui n'était qu'un beffroi sur lequel on faisait sentinelle pour observer tout ce qui se passait au loin. Vis-à-vis les bâtimens est la tour d'Argenton, faite long-tems après sur le modèle des autres tours, pour communiquer sous terre du château avec la maison Roberdeau autrefois située au bout du parc de ce nom, qu'habitait la belle Agnès Sorel, lorsque Charles VII, dans son infortune, demeurait au château de Chinon.

On apperçoit encore dans l'intérieur de ce château les vestiges d'une autre tour à côté de celle d'Argenton, avec des étages en-dessous, qui sans doute avaient la même destination que ceux dont il vient d'être question.

On entre dans le fort du milieu par une porte flanquée d'une tour qui a environ soixante pieds de hauteur et autant de profondeur, avec plusieurs chambres au-dessus, dont deux servent aujourd'hui de cage à l'horloge de la ville. Au bout du pont d'entrée est l'ancien fort S. Georges, dans lequel il y avait une chapelle de ce nom. Ces trois forts ont les abords extérieurs très-élevés et très-escarpés. Leurs enceintes fort hautes sont avec des créneaux et des meurtrières, ainsi que quelques-unes des grosses tours et des petites tours qui s'y trouvent intercalées. Les douves qui les séparent sont extrêmement profondes; leurs enceintes ont des piliers butans. Voilà au juste la description des vestiges restant de ces trois châteaux, d'après la visite qui en a été faite par l'auteur de ces Essais, avec M. Herpin l'aîné, étudiant en médecine, qui promet de grands talens à la patrie. Le lecteur pourra juger aisément, d'après cette description, si leur construction rentre parfaitement dans celle dont se servaient les Gaulois pour fortifier leurs places.

Il ne sera pas parlé ici avec détail de l'ancien mur qui descendait de la première porte de ce château sur la place, vis-à-vis la tour du bord de la rivière, à côté de la nouvelle prison, ni des portes adhérentes qui débouchaient sur la place par la rue de l'ancienne prison, et par la basse rue, ni de celles qui étaient au bout du faubourg S. Jacques, et à la tête du pont à *Nonain*, du côté de ce faubourg; leur construction est absolument la même que celle des portes et des murs restant, avec quelques amorces de meurtrières, de créneaux, et avec plusieurs tours. Il en est ainsi de la Porte-des-Prés, à la sortie de laquelle, en faisant en 1793 un fossé de défense contre les Vendéens, on trouva des fondemens qui annonçaient ceux d'un acqueduc pour des moulins à eau qui étaient autrefois à côté de cette porte.

Des écrivains peu dignes de foi ont donné à Chinon le nom de *Caïno*, pour faire croire que Caïn en était le fondateur. Le second fils d'Adam n'aurait pas quitté les bords de l'Eden pour venir faire bâtir en France une ville de son nom. Le mot *Caïno*, tiré de la langue celtique, signifiant en français les mots *antre*, *cave*, *souterrein*, quelques auteurs ont pu penser que cette ville, bâtie sur des souterreins, devait avoir le nom de *Caïno*, comme si l'effet devait être avant la cause. Il est présumable que pour bâtir cette ville, on a dû tirer successivement des pierres dessous son propre sol, comme on le fait encore tous les jours pour la construction et pour les réparations des maisons. Ces singuliers étymologistes ignoraient sans doute que du tems des Romains on ne connaissait que les *Turones* et leur capitale.

François Duchesne, un des pères renommés de l'histoire de France, ne trompe pas ainsi ses lecteurs, lorsqu'en parlant de l'entrée de

Philippe-Auguste dans le Poitou, il dit dans les Gestes de ce roi, tome 5, page 48, édition de 1649, ces mots latins : *rex vero Philippus exercitum suum apud Chinonium duxit;* il ne dit pas *apud Caïnonem*. Boiste donne à cette ville le nom latinisé de *Chino* dans le dictionnaire de la géographie universelle qu'il vient de publier. Si pour donner un air d'ancienneté aux villes de Langeais, de Montrésor, de Sainte-Maure, de Passavant, de Mirebeau, de Maulevrier, de Beaugé, de Château-Gontier, de Chaumont, de Moncontour et de Faye-la-Vineuse, que Foulque Néra, comte d'Anjou, fit bâtir à la fin du dixième siècle et au commencement du onzième, un auteur changeait aujourd'hui les noms consacrés à ces villes dans le spicilège d'Acheri, tome 3, page 233, cet auteur mériterait le plus grand pyrrhonisme de la part de ses lecteurs. Il en serait ainsi de la ville de Richelieu, nommée en latin *Richolocus*, si l'on convertissait ce dernier nom dans un autre qui paraîtrait plus ancien pour faire oublier que cette ville a été bâtie par le cardinal de ce nom. Tâchons de mettre ici la fondation de la ville de Chinon à la date qui lui convient.

Le manuscrit précité dit que l'accroissement de cette ville n'a été sensible que du tems de S. Mexme, qu'il fait naître d'un ancien gouverneur de Loudun, père de S. Maixent et de S. Jouin, et être celui qui reçut honorablement à Trèves, dont il était évêque, S. Athanase, exilé dans les Gaules pour avoir voulu extirper l'hérésie des Ariens; et après trois ans d'épiscopat être venu à Chinon pour y fixer sa demeure. Ce n'est pas S. Mexme qui fut évêque de Trèves, puisqu'il ne fut jamais évêque; ce fut S. Maximin, effectivement frère de S. Maixent et de S. Jouin, qui était né à Sillé, à une lieue de Loudun, vers la fin du troisième siècle, et qui mourut en 351 à Poitiers, où il était aller voir ses parens, (*ex. SS. Athan., Hilar., Hieron. Greg. Turon. et aliis*), tandis que S. Mexme, suivant le bréviaire actuel du diocèse de Tours, mourut à Chinon vers le milieu du cinquième siècle, c'est-à-dire environ cent ans après S. Maximin. Une légende de la fête de S. Mexme, célébrée le 20 août de chaque année, dit que ce fut par ses prières qu'*Égidius*, général romain, révolté contre sa patrie, qui faisait en 462 (1) le siège du château de Chinon, qu'occupaient alors les Visigots, épouvanté, ainsi que son armée, par un orage extraordinaire et par une grêle affreuse qui tombèrent sur son camp, fut obligé d'en lever le siège, et de laisser par sa retraite la facilité aux assiégés de se procurer des eaux

---

(1) Pour la date, Histoire du Bas-Empire, par Lebeau.

et des vivres dont ils manquaient depuis quelques jours. La levée de ce siège, suivant les recherches de feu M. Le Royer de la Sauvagère, ancien colonel, directeur du génie militaire, acheva d'anéantir la puissance romaine dans la province de Touraine. Les Visigots demeurèrent maîtres de ce château jusqu'au moment où, par la défaite d'Alaric, il tomba entre les mains de Clovis, auquel il servit de remparts sur la Vienne. Ses successeurs en ont joui jusqu'à Charles III dit le Simple, sous le règne duquel toute la France fut morcelée par les hauts seigneurs, qui s'en emparèrent. Cette province appartint dès-lors à Thibault, surnommé le Tricheur, comte de Blois, qui habita long-tems le château, et qui l'augmenta beaucoup. On voit encore les vestiges d'un camp de cette même armée au-dessus du village de Cinais, à une lieue de cette ville. Avant d'en faire la description, examinons ici la manière dont campaient les Romains, pour juger si ces vestiges portent réellement les marques de leur castramétation.

Ces conquérans avaient toujours coutume de se retrancher dans leurs camps, dussent-ils n'y passer qu'une nuit, fussent-ils même sur le territoire de Rome. Cette exactitude dans leur propre pays doit faire naturellement supposer celle qu'ils avaient dans toutes leurs opérations militaires. Lorsqu'ils étaient à portée de l'ennemi, ils ne hasardaient jamais de combats que leurs camps ne fussent achevés pour s'assurer une retraite en cas d'échec ; et, s'il était nécessaire, pour en venir à un second combat peut-être plus heureux pour eux.

Leurs camps avaient ordinairement une figure parfaitement carrée ; quelquefois ils avaient celle de parallélogrammes, ou de quelques autres figures rectilignes ; ils étaient plus ou moins spacieux suivant la force de leurs armées ; ils étaient toujours placés à la proximité des bois, des eaux, et des pays fertiles en denrées de première nécessité.

Leurs retranchemens consistaient dans des fossés autour de leurs camps. Les dimensions de ces fossés étaient plus ou moins fortes, suivant que l'ennemi était éloigné ou près de leurs armées, et que cet ennemi était à craindre. Les terres de ces mêmes fossés servaient à former un parapet en dedans. On plantait sur son talus des pieux amincis par un bout pour rendre les retranchemens plus difficiles à aborder. La hauteur de ce parapet variait suivant les circonstances. Lorsque l'ennemi était éloigné, les fossés avaient neuf pieds de large sur sept de profondeur, et le parapet n'avait que trois pieds. Si l'ennemi était près de leur camp, le parapet était de quatre pieds de hauteur, et les fossés avaient douze pieds de largeur sur neuf de profondeur. On augmentait quelquefois les dimensions de ce parapet en se servant de fascines pour le hausser.

Les Romains avaient aussi des camps sédentaires, nommés *castra stativa*. Ces camps étaient ordinairement établis sur des hauteurs d'un abord difficile ; ils y ajoutaient des retranchemens faits avec beaucoup d'art, pour se garantir de l'attaque de l'ennemi. Ces conquérans n'avaient pas d'autres quartiers d'hiver.

Voyons présentement si l'ancien monument qui existe au-dessus du village de Cinais a quelques rapports avec la description ci-dessus.

D'après l'examen sérieux que l'auteur des ces Essais a fait de ce monument avec M. Chesnon de Baigneux, président du tribunal de Chinon, et avec M. de Cougni l'aîné, avocat, cet auteur a reconnu que c'était un ouvrage fait de la main des hommes. Cet ouvrage est renfermé par deux grands quadrilatères inégaux qui se touchent. On y voit encore les traces des fossés dont il était environné, au nombre de deux ou de trois, suivant la faiblesse des parties qu'ils étaient destinés à défendre à l'intérieur et à l'extérieur, sans qu'il paraisse aucuns vestiges de parapets élevés en terres, à moins que ces terres ne se soient affaissées sur elles-mêmes par le laps du tems, ou que ces parapets n'aient été fondus depuis ce tems-là, ou que les Romains n'aient supléé à ces parapets par un tas de cailloux énormes qu'on voit encore dans quelques endroits à la hauteur des parapets ordinaires. Cet ouvrage, tel qu'il paraît avoir existé, leur eut sans doute coûté beaucoup plus de peine, ou peut-être ne l'auraient-ils pas entrepris, si les terrains environnans n'eussent pas été couverts naturellement, comme ils le sont encore aujourd'hui, d'une quantité innombrable de cailloux. Il y a dans l'enceinte de cet ancien camp plusieurs parties saillantes au-dehors qui semblent annoncer qu'on s'y réunissait en masse pour opposer une plus grande résistance aux assaillans. Le plateau sur lequel ce camp était assis était tellement avantageux qu'on découvrait de tous ses points, et l'horison sensible au-delà des villes de Saumur, de Loudun, et le développement de toute la ville de Chinon. Les entrées, comme on les voit aujourd'hui, ne se correspondaient pas, sans doute pour présenter une moindre masse d'hommes dans le cas d'une fuite précipitée dans ce camp, ou d'une sortie forcée de ce fort. Aucun corps ne pouvait le franchir, vu la difficulté que présentaient ses parapets impénétrables aux armes de jet, qui devaient s'y émousser, et sur-tout celles qui lançoient de moins loin le javelot de la même longueur à-peu-près du *pilum*, mais beaucoup plus commode, en ce que le combattant, après l'avoir décoché, pouvait le retirer à lui par le moyen d'une courroie qui le tenait attaché pour le lâcher une seconde fois, et ainsi de suite, ce qui ne pouvait être contre les parapets de ce camp, qui devaient épointer toutes les armes qui les atteignaient. Aussi on peut assurer avec vérité qu'il eut été impossible aux Romains de trouver dans les environs de Chinon un lieu plus propre à recevoir un camp que celui au-dessus du village de Cinais, à portée des eaux, des bois, et qui avait derrière lui le pays Loudunais extrêmement fertile en blés de toute espèce. Ce qui peut accréditer l'opinion que ce camp peut n'avoir pas eu des parapets en terre, est l'élévation de terres rapportées que l'on voit encore dans quelques endroits autour de son enceinte extérieure, et qui, ne s'étant pas affaissées, font croire qu'elles n'étaient que des avant-postes pour recevoir les premières attaques de l'ennemi, et pour s'en défendre. Leur entourage ou leurs parapets étaient de cailloux encore entassés les uns sur les autres, comme ceux de ce même camp. Quand il serait vrai que ce qui reste aujourd'hui de cet ancien monument ne suffirait pas pour attester son ancienne existence, une tradition locale, bien soutenue, en convaincrait indépendamment de plusieurs titres de Fontevrault, de Seuilli, et de plusieurs propriétaires, qui tous parlent explicitement de leurs terres joignant à l'*ancien camp des Romains*. M. Lecourt de Gébelin, de l'académie des inscriptions et belles-lettres de Paris, accompagné de feu M. Royer de la Sauvagère, ci-devant cité, et de feu M. Chesnon, maire de Chinon, vint, il y a environ 45 ans, visiter ce camp. Il fit ses observations, qui malheureusement pour l'intérêt de cet ouvrage n'ont pas été rendues publiques; elles eussent sans doute été plus approfondies que celles-ci; aussi l'auteur de ces Essais invite-t-il les Chinonais et les étrangers, pour s'en dédommager, à se transporter sur les lieux pour voir un monument qui présente à l'observateur curieux quelque chose d'imposant, et peut-être unique dans son genre.

Reprenons le fil de ces Essais.

S. Mexme ayant été le disciple de S. Martin, la proximité de Tours, dont celui-ci était évêque, mit à même ces deux Saints de se visiter quelquefois. Ce prélat, animé du goût de son siècle, fit bâtir sur le côteau de Chinon une chapelle qui dans la suite lui fut dédiée, et dont aujourd'hui on voit encore quelques vestiges. S. Mexme, à son retour de l'île Barbe sur la Saône, dont il avait été abbé, enchérit sur cet exemple, en faisant construire dans cette ville un couvent de moines cloîtrés dont il fut le premier abbé, et une église en l'honneur de la glorieuse Vierge Marie, qui depuis fut mise sous son invocation, et que la Révolution a livrée à la plus grande dégradation, faute d'entretien. Ces moines furent quelquefois plus de cent dans ce couvent.

Voici ce que le père Longueval, jésuite, dit de ce saint dans son histoire de l'Église Gallicane, tome 2, page 91.

Il y avait au territoire de Lyon, dans l'île Barbe, sur la Saône, un monastère en l'honneur de S. André plus ancien que ceux du Mont-Jura. Le prêtre Maxime (Mexme) s'y était retiré après la mort de S. Martin, dont il avait été le disciple. Il voulut y cacher ses talens et ses vertus; mais il fut bientôt reconnu, et fut élu abbé de ce monastère. Comme les courses des barbares refroidissaient les charités des fidèles, il avait peine à pourvoir à la subsistance de ses moines, et sa tendresse pour eux lui faisait sentir plus vivement ce qu'ils avaient à souffrir que ce qu'il souffrait lui-même ; il prit la résolution de se retirer ailleurs. S. Eucher, qui était alors évêque de Lyon, écrivit à ce sujet à un prêtre nommé Philon ; il le charge de se rendre à l'île Barbe, et d'y voir de sa part l'abbé Maxime.

» Nous avons appris, dit-il,
» qu'il veut abandonner ses frères
» sous prétexte que la crainte des
» barbares empêche qu'on ne
» fasse les aumônes accoutumées.
» Dites-lui qu'il nous prépare la
» maison que nous avons donné

» ordre de bâtir, et qu'il tienne
» prêts les livres que nous avons
» demandés, car Dieu aidant,
» nous avons résolu de passer avec
» lui le carême dans l'île, etc. »

Néanmoins Maxime (Mexme) quitta l'île Barbe. En passant la Saône, il tomba dans l'eau avec le livre des Évangiles et les vases du saint ministère qu'il portait au col, c'est-à-dire un calice et une patène; mais il gagna heureusement le bord, et se retira à Chinon, dans la Touraine.

La population de Chinon augmentant de plus en plus, on y bâtit une église paroissiale qui fut consacrée au martyr S. Étienne, et qui fut bénite par S. Mexme. Cette église ayant été démolie quelques siècles après, pour cause de vétusté, une tradition locale qui n'a jamais varié assure que, vers l'an 1450, un marchand de drap, un boulanger et un boucher de cette ville, sans doute fort riches, et dont malheureusement pour la reconnaissance publique on ignore les noms, la firent bâtir de nouveau à leurs dépens telle qu'elle est aujourd'hui, à l'exception de la superbe tour que Charles VII fit bâtir à ses frais, et sur laquelle la Révolution a porté sa main destructrice, comme si la vente des matériaux eut dû beaucoup enrichir ceux qui en provoquèrent la démolition. *Auri sacra fames quid non mortalia pectora cogis.*

Chinon n'eut pas seulement

dans S. Mexme un exemple de piété, de vertus, et d'une vie sainte; Jean Dumoustier ajouta à cet exemple, en se bâtissant sur le côteau, au-dessus de l'église de S. Mexme, une petite cellule, et une chapelle mise dans la suite sous l'invocation de S.te Radégonde. On voit encore aujourd'hui quelques restes de ce second édifice, dans lequel son corps fut déposé, et dont il a été tiré dans la fureur de la Révolution. On l'y a trouvé garni de tous les cercles en fer et des cilices dont les Saints de ce tems se servaient pour se mortifier. On a fait un usage profane de la tombe sur laquelle ce Saint était représenté en relief. Sainte Radégonde, qui s'était retirée vers le milieu du sixième siècle à Poitiers, où elle fonda l'abbaye de Sainte-Croix, eut pour cet anachorète, la plus grande vénération; elle lui envoya à Chinon, où elle vécut quelque tems sous sa conduite, un ornement très-précieux du poids de mille sous d'or, et lui demanda un cilice en échange pour macérer ses membres. Il est dit, dans le Propre en latin des Saints de l'église collégiale de S. Mexme, que Jean lisait et écrivait souvent à l'ombre des arbres qu'il avait plantés lui-même, et dont il avait le plus grand soin. Celui qui après sa mort lui succéda dans son habitation, arracha, dit ce même Propre, prématurément un laurier, un de ses arbres chéris, et en fit un banc pour s'asseoir. Le particulier s'étant repenti deux ans après d'avoir détruit cet arbre, en replanta les morceaux, qui reprirent tellement racine que leurs branches ornèrent pendant plusieurs années le tombeau de S. Mexme le jour de l'anniversaire de sa mort. La fête de S. Jean Dumoustier se célèbre dans le diocèse de Tours le 15 juillet de chaque année. Il est sans doute fort agréable pour l'auteur de ces Essais de répandre aujourd'hui des fleurs sur le tombeau d'un Saint de son nom, auquel il est possible que sa famille ait appartenu par des liens de consanguinité, son nom latin et français, cité dans le Traité de l'Origine des familles distinguées dans les siècles précédens, par le chevalier De la Roque de la Lontière, page 72, édition de Paris de 1678, étant le même que celui de ce Saint dans le Propre dont il vient d'être parlé, ainsi que dans la traduction française de cette pièce latine.

S. Louand, retiré vers le septième siècle dans les environs de Chinon, éprouva en menant une vie solitaire et en renonçant aux vanités de ce monde, combien il est avantageux de suivre la loi du Seigneur, et de s'attacher à lui. Il posséda toutes les vertus dans un degré si éminent, que de son vivant il guérit plusieurs personnes infirmes, qui, après sa mort, firent bâtir dans le lieu même de sa retraite une église paroissiale qui porta son nom jusqu'à la Révolution, époque à laquelle elle fut détruite. Le comte Thibault, seigneur du lieu, pour se prêter à la piété des peuples qui y venaient de toutes parts en dévotion, donna un emplacement, vers le milieu du dixième siècle, à l'abbé de Saint-Florent de Saumur, et y fit appeler, du consentement d'Hardouin, archevêque de Tours, plusieurs moines de ce couvent pour chanter tous les jours les louanges du Seigneur. Ces moines y formèrent le prieuré de Saint-Louand, depuis ce tems-là *nationalisé* par les décrets de l'Assemblée constituante, pour être rendu aliénable comme tous les autres biens ecclésiastiques de la France. La fête de ce Saint se célèbre tous les ans le 5 novembre dans le diocèse de Tours. (*Légende de ce Saint*).

Il y a lieu de penser que, dans le cours des premiers siècles où les moines de Saint-Mexme furent fondés, le relâchement s'introduisit dans leur société comme dans tous les monastères de cette espèce. L'un de ses premiers effets fut le renoncement à la vie commune; en intervertissant ainsi leurs premières règles, ils durent faire d'autres statuts accommodés à la vie libre et aisée qu'ils voulaient mener, en profitant eux-mêmes de la révolution qu'essuyèrent alors les mœurs dans tous les états.

Ces moines, encore pénétrés de leur première qualité, firent des statuts qui établissaient entr'eux une parfaite égalité, qui ne subsista pas toujours. Louis VII dit le Jeune les fit séculariser par le pape Luce II, en 1145; ils furent dans la suite exempts de la juridiction de messieurs les archevêques de Tours. Ils devinrent curés primitifs des cures de la ville et de celle de leur église desservie par plusieurs prêtres sous le nom de curés, qu'ils nommaient. Leur chapitre, sous le nom de collégiale, qui a été détruit par la Révolution, était composé de douze chanoines, parmi lesquels ces archevêques nommaient à la place de chévecier lorsqu'elle était vacante. Ces chanoines choisissaient parmi eux leur grand chantre et leurs théologaux. Ceux-ci étaient obligés, avant l'établissement du séminaire de Tours, d'enseigner la théologie aux clercs qui se destinaient à la prêtrise, et de prêcher ou faire prêcher dans leur église aux fêtes du Saint Nom de Jésus, à celles de la Vierge et de S. Mexme. L'usage du chœur de ce chapitre était de ne pas répondre aux officians dans leurs chants, excepté aux grand'messes. On ne peut pas dire d'où cet usage bizarre tirait son origine. Il n'y a pas plus d'un siècle que les parens de S. Mexme, nommés *Goret*, venaient à Chinon toutes les années sur l'invitation de ces chanoines, et assistaient avec des places distinguées dans leur église à la célébration de la fête de ce Saint.

Quoiqu'une tradition locale assure qu'on les y a vus en sabots et en habits de paysans, il n'en est pas moins certain que la famille *Goret* était d'une ancienne famille noble du Poitou. René Degoret sieur Dessaules, Jean Degoret Delbennes, furent confirmés dans leur noblesse par l'ordonnance de M. Debarentin, intendant de Poitiers, du 10 décembre 1667, *tempus edax rerum*. Que chacun prenne un télescope, et qu'il le tourne exactement autour de lui, il verra dressées sur la surface de la terre, comme on y en a toujours vu, d'anciennes échelles tournées d'un bout sur l'autre, dont autrefois les premiers échelons en montant sont devenus les derniers, et dont ceux-ci sont devenus les premiers. Telle est l'aveugle Fortune, qui souvent fait connaître son instabilité depuis le monarque jusqu'au simple berger.

Sous la seconde race de nos rois, les seigneurs s'étant emparés des bénéfices pour se récompenser eux-mêmes de leurs services militaires, les grands s'approprièrent les abbayes; les seigneurs vassaux de ceux-ci usurpèrent les cures et les petits bénéfices. Les abus furent alors si multipliés, que ces titres sacrés entrèrent dans le commerce des familles, y devinrent sujets à partages, ventes, échanges, arrentemens, comme s'ils eussent été des biens patrimoniaux. Ils imitèrent en cela les Francs, sous lesquels on distinguait, depuis leur entrée dans les Gaules, les domaines en terres saliques et en bénéfices militaires. Les premières qui leur échurent par droit de conquête étaient héréditaires ; les secondes, instituées en bénéfices militaires par les Romains avant la conquête des Francs, n'étaient qu'un don à vie d'où les bénéfices ecclésiastiques tiraient leur origine. L'an 779, Charlemagne ordonna que ceux qui auraient ces sortes de biens paieraient les décimes à l'église ; mais il taxa le cens à un sol pour cinquante manses. Cette date est l'époque à laquelle on commença à aliéner les biens ecclésiastiques.

On ne se contenta pas d'en investir les laïques; on leur donna aussi les dîmes, les revenus des autels, tels que les offrandes, les oblations, les baptêmes, les sépultures, et même le droit de nommer les curés, d'où sans doute était venu celui de présentation de cures qu'avaient quelques seigneurs avant la Révolution. Jetons présentement un coup-d'œil sur les seigneurs de la ville et du château de Chinon.

Si l'on en croit une ancienne chronique manuscrite de Maillezais, ce fut vers l'an 992 que la duchesse Emme, descendante de Thibault le Tricheur, comte de Blois, dont nous venons de parler, et femme de Guillaume II, duc d'Aquitaine et comte du Poitou, se renferma dans le Château de cette ville, qui lui appartenait, craignant la colère de son mari, qui, en se rendant de la province de Bretagne, s'arrêta quelque tems au château de Thouars pour y faire sa cour à la vicomtesse dont il était éperduement amoureux. Emme ayant quelque tems après rencontré sa rivale dans la campagne, l'attaqua elle-même, la renversa de cheval, après lui avoir fait mille outrages, elle la livra pendant toute la nuit à la discrétion de ses gardes. Elle porta la violence jusqu'à faire enlever de suite son fils du palais de son mari, pour l'avoir auprès d'elle. Guillaume, prince faible, ensevelit ses chagrins dans l'abbaye de Maille-

zais, qu'Emme avait fondée, et
se retira quelque tems après au
monastère de S. Maixent. Le duc
Guillaume y étant tombé malade, la fit prier d'amener son
fils; elle se fit un peu attendre.
Néanmoins ils se reconcilièrent
dans cette entrevue, et le duc
y mourut dans un âge fort avancé. Cette mésintelligence, qui
dura long-tems, est sans doute
cause de ce qu'on ne trouve
pas de chartes souscrites par ces
deux époux pour avoir dans
leur château de Chinon des
seigneurs vassaux, comme c'était
alors l'usage. On ne voit que
des comtes d'Anjou et de Touraine, qui y avaient des seigneurs
vassaux propriétaires de la justice et de l'utile, qui y tenaient

leurs plaids en personne. Le sol leur appartenait tellement, qu'un *Miles de Castro Chinonensi* fonda un monastère auprès et joignant ce château, par charte que souscrivirent le comte d'Anjou et ses frères. Il en était ainsi d'un Gilbert de Loudun, *Gilbertus de Loduno*, et de plusieurs autres de ce nom, qui n'étaient pas les seigneurs de cette ville, mais qui en étaient les vassaux avec la condition d'en garder le château en tems de guerre. Développons cet ancien usage par un exemple plus sensible pour le lecteur.

On trouve dans d'anciens titres de Fontevrault, qu'avant Augier I.er, seigneur de Doué en Anjou, les militaires Menard, vicaire de Doué, *vicarius de*

Doado, Gontier et Odo Fatot, aussi vicaires, prenaient la qualité de *beneficiati in vicariâ de Doado*, et de *beneficiati de castro de Doado* ; c'est-à-dire que ces militaires étaient pensionnés à vie sur les revenus de cette terre par les seigneurs comtes d'Anjou, qui, comme sur celle de Chinon, mettaient toujours des lieutenans qui s'appelaient *Vicaires*, et qui avaient une espèce de juridiction sur l'étendue de leurs terres nommée *vicaria*, d'où sont sans doute venus les noms de *viguier* et de *viguerie* dans les provinces du midi, pour désigner les juges, et les places des juges dans ces provinces.

Geldouin avait mis le siège devant Mondoubleau, qui appartenait à Foulques Néra, dont nous avons parlé page 13. Lorsque celui-ci partit avec Éveille-chien, comte du Maine, pour aller au secours de cette place, ces deux comtes en passant prirent Saumur, et vinrent à Chinon, où ils firent traverser à leur armée la rivière sur un pont de bateaux. Au lieu d'aller droit à leur ennemi, ils mirent le siège devant Montbazon, qui appartenait à Eudes, comte de Blois et de Champagne, allié de Geldouin; ce qui leur réussit d'autant mieux qu'Eudes, averti que les Allemands étaient descendus dans la Lorraine avec l'intention de faire des incursions sur les terres voisines, alla promptement au secours de cette contrée. Trincant, loudunais, auteur de manuscrits sur ce pays et sur les pays voisins, ne donne pas l'année dans laquelle la prise de Saumur eut lieu, ni celle où le château de cette ville fut commencé par Foulques Néra, comte d'Anjou. Ces deux années ne peuvent être qu'entre les années 987 et 1040, espace de tems que Foulques fut souverain de cette province, que Géoffroi Martel son fils posséda après lui. (*Extrait de plusieurs histoires d'Anjou.*)

Foulques le Rechin, après la prise de Saumur, renferma au château de Chinon pour le reste de ses jours, Géoffroi le Barbu. Ce prisonnier fut mis en liberté vers l'an 1060, par ordre du pape Alexandre II (*Jussu papæ*

Alexandri secundi. Continuateur de Don Bouquet, tome 2, page 138). Orderic Vital dit que la détention de Géoffroi fut de trente ans, ce qui occasionna une grande division entre les seigneurs du pays, et une fâcheuse révolution dans l'Anjou et dans les contrées voisines. Foulques fut excommunié pendant plusieurs années. Il se mit néanmoins en possession de la province de Touraine. Les papes de ce tems, et quelqu'uns de leurs successeurs qui, pour leurs intérêts voulaient avoir deux glaives à la main, ayant trop abusé de cette double autorité, les puissances laïques, qui s'en lassèrent, parvinrent peu après à établir la démarcation qui nécessairement doit exister entre la puissance spirituelle et la puissance temporelle.

Lorsque les seigneurs se furent enfin persuadés qu'ils devaient restituer aux ministres des autels les biens dont ils s'étaient emparés sous les règnes précédens, on en vit beaucoup qui les rendirent à leurs anciens possesseurs ; en voici deux exemples connus dans les environs de Chinon.

Ewrard de Loudun, chevalier, en donnant à l'abbaye de Bourgueil la cure de Saint-Léger-de-Monbrillais, à deux lieues de Loudun, déclara que cette cure faisait partie de la dot de son épouse. (*Cartulaire de cette abbaye, page* 48.)

Hugon, seigneur du château de Loudun, en donnant au mois

d'avril 1060, aux Bénédictins de cette ville, à ceux de Tournus en Bourgogne, et de Cunault-sur-Loire, trois églises de cette première ville, annonça que ces églises faisaient partie de la dot d'Arsende son épouse. (*Copie du titre de donation entre les mains de l'auteur de ses Essais.*) Dans les tems qui avaient précédé ces restitutions, lorsqu'un laïque vendait ces sortes de biens il était obligé d'en donner, à prix égal, la préférence aux évêques et aux curés.

La manière solemnelle dont on avait donné l'investiture de ces biens dans les siècles précédens, ou dont on avait confirmé les donations faites aux églises, n'en avait point du tout imposé à ceux qui s'en étaient emparés. On mettait pour cette cérémonie, sur l'autel ou entre les mains de l'évêque, de l'abbé, ou de l'ecclésiastique qu'on voulait gratifier, un gazon, une cruche d'eau, une crosse, un chandelier, une touffe de cheveux, une clef, une courroie, un denier, une bourse, quelques grains d'encens, une bible, un calice, un missel, une coupe, un pain, un linge, un gobelet, un mouchoir, un marteau, un martyrologe. Ces symboles indiquaient la manière dont le domaine avait été échangé, cédé ou vendu.

Il paraît que les comtes de Touraine, successeurs de Thibault le Tricheur, restèrent paisibles possesseurs de cette province, puisque Géoffroi Plantagenet, qui était aussi comte d'Anjou, avait ordonné en 1109, par son testament, qu'Henri son fils aîné aurait, pendant la vie de sa mère, ces deux comtés avec celui du Maine; que Guillaume posséderait le comté de Mortagne; que Géoffroi aurait les villes de Loudun, de Chinon et de Mirebeau, et que Mathilde son épouse jouirait de la Normandie. Cette illustre veuve n'eut pas plutôt cédé cette province à Henri, que Géoffroi se mit en possession du comté d'Anjou. Il en fut bientôt chassé par son frère. Le comte s'en empara de nouveau, lorsqu'Henri alla occuper le trône d'Angleterre, après la mort d'Étienne son cousin, fils d'Étienne comte de Blois, et de la sœur d'Henri I, qui avait usurpé ce royaume sur lui; mais ce roi étant repassé en France marcha vers le Poitou. Après avoir assiégé et pris Chinon, il se rendit maître de ce que Géoffroi lui avait enlevé pendant son absence. Le vaincu abandonna cette ville et ses droits de succession pour une pension annuelle de deux mille livres monnaie d'Anjou, et de mille livres monnaie d'Angleterre, et se rendit au vœu des Nantais, qui le choisirent pour leur comte à la place d'Hoël, qu'ils avaient chassé ignominieusement par mécontentement contre lui, ayant eu besoin de Géoffroi pour les défendre contre Conan, qui voulait remplacer celui qu'ils venaient de renvoyer. (*Rapin-Thoiras, Histoire d'Angleterre; et Bouchet, Annales d'Aquitaine.*)

Chinon ayant passé sous la domination d'Henri, ce roi créa dans cette ville, suivant la chronique manuscrite déjà citée dans ces Essais, une châtellenie royale d'où ressortirent plusieurs villes des environs, et la plus grande partie des communes qui aujourd'hui forment la juridiction du tribunal. Il fit bâtir dans le château les églises de S. Melène et de S. Macaire, détruites par ses successeurs, qui ne voulurent pas, avec raison, que les étrangers, sous le prétexte d'y aller en dévotion, prissent connaissance des fortifications. L'église de S. Georges, qu'il avait également fait construire dans le fort de ce nom, ne fut démolie qu'en 1763. Il fit également bâtir une grande partie de l'église paroissiale de Saint Maurice de cette ville, dont l'autre partie fut achevée long-tems après avec les deniers de la fabrique, comme l'attestait une inscription placée sur le mur, qui en a été ôtée il y a plusieurs années. Ce roi étant obligé de traverser la prairie souvent inondée par les grandes eaux, soit pour aller au couvent de Fontevrault, soit pour se rendre à son château de Montreuil-Bonnin, à deux lieues de Poitiers dont il était comte par Aliénor son épouse, fit construire le pont *à Nonain*, ainsi nommé, dit-on, parce qu'il lui servait pour aller voir plus commodément les *nones* de ce couvent. Il y a plus de quarante ans que ce pont a été détruit comme ne valant plus rien, et a été remplacé par une belle digue, qui, par des considérations personnelles, a été malheureusement faite sans aucune arche, afin de ne pas gâter les prés, que les eaux auraient toujours couverts pour peu qu'elles eussent sorti de leur lit ordinaire. Ce nouvel ouvrage pourra tôt ou tard occasionner de grands dégâts, si l'on n'y remédie pas au plutôt par des arches transversales, et si l'on continue à souffrir que les salpêtriers de la ville jètent toujours leurs vidanges dans la rivière, qui s'en remplira peu à peu. L'amende dont les délinquens sont menacés étant infiniment moindre que le gain qu'ils font en risquant de ne pas les porter plus loin, une amende plus forte arrêterait sans doute le mal qu'ils font sans cesse à l'intérêt public. D'ailleurs le pont qui fait la communication du faubourg S. Jacques a dans sa construction un vice radical. Ses arches, au lieu d'être perpendiculaires aux courans des eaux, ont une obliquité qui empêche dans les grandes crues le libre dégorgement de ces eaux vers l'île Auger. Tout géomètre peut calculer aisément les degrés des angles que ces courans font avec la montée mathématique de ces arches. Ce pont a été construit en même-tems que celui de la

Haye-Descartes, qu'on sait l'avoir été sous le règne de Charlemagne. Les grandes réparations qu'on lui a faites successivement depuis ce tems-là, et la reconstruction de plusieurs arches, ont pu faire penser que sa construction pouvait être plus moderne; il en est de ce pont comme d'une maison particulière, qui ne devient pas neuve à toutes les fois qu'on la répare.

On ne peut rien dire ici du lit actuel de la rivière qui arrose les murs de la ville, et qu'on croit avoir passé autrefois entre les maisons de la Croix et celle du Pressoir. Cette tradition n'est pas assez sûre pour être une preuve suffisante de cette assertion Cependant l'auteur de ces Essais pense que ce changement de lit a pu avoir lieu du tems de Charlemagne, sous le règne duquel on entreprit beaucoup de travaux de cette espèce, ainsi que les levées de la Loire, qui furent commencées vers l'an 819, et qui ne furent bien avancées que vers le milieu du onzième siècle. Pourquoi l'antiquité est-elle presque toujours obscure pour le genre humain? C'est qu'elle se confond dans sa mémoire avec le présent, qui seul est à lui.

Les uns assurent qu'en 1189 il se fit à Azay-le-Rideau, d'autres disent à Colommiers aujourd'hui Villandry, un traité par lequel Henri renouvela à Philippe Auguste l'hommage qu'il avait déclaré ne plus lui devoir. Deux jours après la ratification de ce traité, Henri mourut au château de Chinon, après s'être fait porter dans une des églises situées dans ce fort, où il reçut le saint viatique aux pieds de l'autel. Son corps fut conduit à Fontevrault par Géoffroi son fils naturel; il y fut enterré dans un petit caveau, sous le chœur des dames religieuses de l'abbaye. Richard son fils, qui revenait du Poitou, ayant rencontré, dit-on, le convoi à la sortie du faubourg S. Jacques, se prosterna de suite devant le cercueil, en signe de repentir d'avoir soulevé les seigneurs de sa domination contre ce père infortuné, parce qu'il craignait qu'il ne le deshéritât en faveur de Jean son frère ou de Géoffroi. Aussitôt on crut voir ruisseler de toutes les parties de ce cercueil le sang de Henri, comme pour annoncer à ce fils ingrat les grands malheurs qui arriveraient sous son règne. Des auteurs aussi crédules prétendent que ce sang fut répandu dans le moment même où Richard parut dans l'église de Fontevrault pour assister aux funérailles de son père.

Ce fils dénaturé succéda à Henri sous le nom de Richard Cœur de Lion. Après s'être enivré de quelques victoires qu'il avait remportées sur Philippe Auguste, il entreprit le siège de Chalus en Limousin, parce qu'Aymar, vicomte de Limoges, avait refusé de lui rendre un trésor considérable qu'un paysan avait, dit-on, trouvé par hasard caché dans la terre, et qu'il prétendait devoir lui appartenir par droit de souveraineté. *Ce trésor, dit l'auteur de l'Histoire du Poitou, page* 38, *t.* 2, consistait en dix statues d'or massif, de grandeur naturelle, représentant un empereur, son épouse et ses enfans, tous assis autour d'une table d'or. Richard, en faisant le tour de cette petite place, fut atteint d'une flèche empoisonnée. Bertrand de Gourdon, qui la lui avait décochée, lui fut amené. Il lui demanda quelle injure il lui avait faite pour avoir voulu lui ôter la vie. Bertrand lui répondit hardiment que Richard avait tué de sa propre main son père et ses deux frères, et qu'il supporterait avec joie tous les tourmens, puisqu'il délivrait d'un tyran les pays qu'il avait inondés de sang et de carnage. Ce roi, après avoir eu la triste satisfaction avant de mourir d'emporter cette place, d'y avoir mis tout à feu et à sang, sans y avoir trouvé le trésor qu'il cherchait, fut amené à Chinon, où il mourut le 6 mars 1199, dans une maison dépendante du château, située au Carrefour, appelé vulgairement le *Grand-Carroi*, dont l'auberge de la Boule-d'Or fait aujourd'hui partie. Son corps fut conduit à Fontevrault, et fut enterré à côté de son père. Ses entrailles furent inhumées dans l'église cathédrale de Poitiers. Son cœur fut porté à Rouen, et fut mis devant le grand autel, dans un tombeau d'argent qu'on vendit depuis pour payer la rançon de S. Louis, fait prisonnier près de Massoure en Egypte, dans une guerre des Croisades. On éleva à Fontevrault un mausolée, le père assis dans un fauteuil, et le fils prosterné à ses genoux. Il est sans doute heureux pour l'ordre public que ce mausolée n'ait pas été d'or ou d'argent massif; on aurait peut-être vu dans ces derniers tems un citoyen qui, se prétendant parent de ces deux rois, leur aurait dit : *Mes chers cousins, il y a assez long-tems que vous êtes ici à ne rien faire, venez dans notre famille pour y être plus utiles.* Ce fut à-peu-près le langage que M. le marquis de Levi tint à Marie Madelaine, de race juive, dont sa famille s'est toujours prétendue parente, lorsqu'il prit la statue massive en argent de cette sainte, dans une église d'une petite ville d'Espagne, dont il venait de s'emparer, et où le Gouvernement français l'obligea de la faire reporter. Les statues de ces rois sont aujourd'hui dans le plus grand oubli; quelqu'usage qu'on en fasse dans la suite, elles seront toujours celles de souverains. Le grand Charlequint le décide ainsi dans le trait d'histoire qui suit : François I.er, prisonnier en Espagne, joua un jour avec un grand de ce royaume, et lui gagna une somme immense. Cet Espagnol, piqué de sa perte, en payant le roi, lui dit avec beaucoup de fierté : *garde cela pour ta rançon*. Le monarque irrité lui donna sur la tête un coup d'épée dont il mourut. Les parens du defunt demandèrent justice à Charlequint, qui, sachant de quelle manière la chose s'était passée, leur répondit ces mots mémorables : le grand avait tort, *tout roi est roi par-tout*. Ainsi, rois infortunés d'une nation rivale de la nôtre comme Carthage le fut de Rome, vos cendres seront toujours celles de souverains, quelque soit le sort de vos statues. On voit encore dans le caveau de leur sépulture quatre tombes mises sur leur plat; la première porte le nom d'*Henri*; la seconde celui d'*Aliénor*, qui mourut âgée de quatre-vingts ans à Fontevrault, où elle avait pris le voile, et où elle fut enterrée. Le Nécrologe de cette abbaye, dont elle avait été la bienfaitrice, la représente comme une reine qui avait toutes les vertus. La troisième tombe porte le nom de Richard; la quatrième, sans inscription, est sans doute celle de Jeanne d'Angleterre, reine de Sicile et comtesse de Toulouse, qu'on sait avoir été enterrée à Fontevrault. Renée de Bourbon, abbesse, faisant reconstruire en 1504 le chœur de son église, avait ordonné de transporter les tombeaux et les effigies de ces souverains dans la clôture des religieuses. On en changea tellement les dispositions dans la suite, qu'on ne trouva pas, en 1638, le corps de Richard aux pieds de son père, ni celui de Jeanne aux pieds d'Aliénor, comme ils l'avaient été précédemment. Jeanne de Bourbon, abbesse, les fit remettre à cette époque dans leur premier ordre.

L'épitaphe d'Henri était conçue ainsi qu'il suit :

Rex Henricus eram. Mihi plurima regna subegi;
multiplici que modo dux que, comes que fui.
Cui satis ad votum non essent omnia terræ
climata, terra modo sufficit octo pedum.
Qui legis hæc! pensa discrimina mortis, et in me
humanæ speculum conditionis habe.
Sufficit huic tumulus cui non sufficerat orbis.

Voici la traduction française de cette épitaphe, qui devrait être celle de tous les grands conquérans que l'histoire nous a fait connaître.

MOI HENRI J'ÉTAIS ROI. J'AI SOUMIS PLUSIEURS ROYAUMES;
J'AI ÉTÉ A-LA-FOIS ET DUC ET COMTE.
L'UNIVERS NE SUFFISAIT PAS A MON AMBITION;
MAINTENANT HUIT PIEDS DE TERRE ME SUFFISENT.
VOUS QUI CONNAISSEZ LA DIFFÉRENCE QUE LA MORT MET EN MOI,
VOYEZ LE SORT ATTACHÉ A LA CONDITION HUMAINE,
UN TOMBEAU SUFFIT AUJOURD'HUI A CELUI A QUI L'UNIVERS NE POUVAIT SUFFIRE.

En faisant aujourd'hui de ce couvent ancien une maison de force, les cendres de ces souverains seront sans doute dérangées, comme viennent de l'être celles du bienheureux Robert d'Arbrissel, fondateur de l'ordre de Fontevrault, qu'on a trouvées renfermées dans un coffre de plomb, et qui avaient été déposées dans le chœur de l'église des dames religieuses, à côté de celles de Pierre, évêque de Poitiers, qui, suivant l'obituaire de Saint-Hilaire-de-la-Celle, fut inhumé dans l'église de Saint-Cyprien de cette ville, et dont le corps fut transféré dans l'église de Fontevrault sans doute vers l'an 1632, puisqu'en cette année on éleva un mausolée sur le sépulcre de ce prélat, avec l'inscription suivante :

QUE LA POSTÉRITÉ SACHE QU'ICI REPOSENT
LES OS ET LES CENDRES
DU RÉVÉREND PÈRE PIERRE, DE POITIERS,
QUI FUT CONTEMPORAIN
ET L'AMI DU VÉNÉRABLE ROBERT,
FONDATEUR DE CET ORDRE.
CE TEMPLE A ÉTÉ BATI SOUS SES AUSPICES
ET PAR SES LIBÉRALITÉS.

Richard étant mort sans enfans, Arthur, fils de Géoffroi, duc de Bretagne, disputa la couronne à Jean Sans Terre, son oncle, auquel son père n'avait voulu donner que de l'argent en partage, pour quoi il fut nommé Jean Sans Terre; celui-ci s'empara des trésors de l'Angleterre, que Richard avait déposés dans le château de Chinon, et prit possession d'Angers et du Mans. Sa mère le fit ensuite passer par Rouen pour prendre l'épée ducale, d'où il alla se faire couronner roi d'Angleterre à Cantorbery. (*Histoire des Révolutions d'Angleterre, par le Père d'Orléans.*)

Les Annales d'Aquitaine, par Jean Besly, disent que ce roi étant au château de Chinon, où il avait attiré son neveu, jeta par une fenêtre le jeune prince, qui par sa mort laissa son duché à ce *népoticide*. D'autres prétendent, avec plus de vérité, qu'étant en Normandie, il ordonna à Debray, un de ses officiers, d'assassiner Arthur; ce brave militaire lui répondit qu'il était gentilhomme et non un bourreau. Jean persévérant toujours dans son projet sanguinaire, sacrifia lui-même son neveu, en lui passant plusieurs fois son épée au travers du corps. La duchesse de Bretagne, mère de cet infortuné, indignée de cette action barbare, en porta ses plaintes à Philippe Auguste. Ce roi déjà mécontent de ce que Jean ne lui rendait aucun hommage pour les terres qui relevaient de lui, le fit déclarer, en 1202, par la cour des pairs, atteint et convaincu du crime de parricide et de félonie. Philippe ne tarda pas à exécuter cet arrêt les armes à la main. Il marcha avec une forte armée vers le Poitou et vers la Touraine, pour y rétablir sa domination; ce qu'il fit en s'emparant de Poitiers, de Tours et de Loudun, où il déconcerta par sa présence les cabales fomentées par Gui de Thouars. Il alla quelque tems après avec son armée à Chinon, qu'il fortifia avec plusieurs autres villes de ces deux provinces, y mit de bonnes garnisons, et retourna à Paris, d'où il revint pour finir une guerre dont le résultat réunit à la couronne ces deux mêmes provinces (*François Duchesne, scrip. hist. gest. de Philip. Aug.*, t. 5, p. 48, édit. de Paris, de 1649), et par conséquent Chinon, qui avait appartenu plus de deux cents ans, sans interruption, à plusieurs comtes d'Anjou et de Touraine, et à trois rois d'Angleterre.

Lorsque Louis IX monta sur le trône, en succédant à Louis son père, Thibault, comte de Champagne, le duc de Bretagne, le comte de la Marche, se confédérèrent contre lui. Leur parti s'étant affaibli par la soumission du premier, ce roi conduisit son armée au-delà de la Loire contre ces deux révoltés, et se rendit ensuite à Chinon, où il fit un long séjour avec la reine Blanche, sa mère, et un nombreux cortège de seigneurs. Ces ennemis cherchèrent à l'amuser par les promesses qu'ils lui firent de venir l'y trouver. Ennuyé de les attendre, il les fit citer à la cour des pairs, vint dans le mois de février 1227 à Loudun, d'où il partit de suite pour aller au château de Cursai, à deux lieues de cette ville, et y tint un parlement qui dura vingt jours. Les rébelles ayant reconnu la nécessité de se réconcilier avec lui, se rendirent à Vendôme, où ils obtinrent tout ce qu'ils demandèrent. (*Histoire du Loudunais, p.* 18, *première édition, par l'Auteur de ces Essais*). Il fut néanmoins arrêté par ce traité que ce roi jouirait des villes de Loudun, de Saumur, et de tout ce qui appartenait au comte d'Anjou hors de l'évêché d'Angers, savoir : de Mirebeau, de Candes et de Chinon. (*Blaeu, tome 7, page* 339, *édition d'Amsterdam, de* 1665.)

Sous Philippe V dit le Long les Juifs empoisonnèrent par un concert affreux les puits et beaucoup de fontaines de la France, qu'ils voulaient dépeupler. Ils avaient été poussés à ce crime par les rois de Tunis et de Grenade, qui étaient mahométans, et qui craignaient que ce souverain n'entreprît une nouvelle croisade. Ils furent aidés dans ce projet par les lépreux, qui étaient au comble des richesses, et qui, malgré leur maladie honteuse, portèrent le libertinage à un tel degré qu'ils devinrent bientôt des objets de l'exécration publique. Ils ajoutèrent à la scélératesse des Juifs celle de jeter leurs excrémens dans les puits pour communiquer la lépre à ceux qui en boiraient les eaux. La Haute-Guyenne fut empoisonnée par ces moyens combinés. Les coupables ayant avoué leur crime, cent soixante Juifs furent brûlés en 1321, dans une fosse qu'on avait faite dans l'île, à gauche, en sortant de Chinon par le pont qui conduit au faubourg Saint-Jacques. (*Histoire de France et d'Angleterre, et d'après une tradition locale*).

Chinon n'appartint pas toujours aux rois successeurs de Philippe Auguste. Charles V, étant au bois de Vincennes, donna viagèrement, par lettres du 16 mai 1370, le duché de Touraine à Louis I.er de France, son frère, sans excepter le comté de Chinon; il en fut ainsi de Charles VI, qui donna, en 1386, à Louis son frère, le même duché, avec les comtés de Blois et de Beaumont-sur-Oise. (*Le père Martene; Trésor des anecdoctes, tom.* 1.) En France, sous les rois de la première et de la seconde race, le droit de primogéniture était inconnu. Les domaines étaient à-peu-près partagés entre tous les enfans. On jugea, sous la troisième race, qu'il valait mieux donner aux puînés, des comtés, des duchés, à condition de foi et hommage, et de reversion à la couronne après leur mort à défaut d'hoirs mâles dans eux ou dans leur postérité. Ils n'en étaient pas les souverains ; ils n'avaient que la jouissance annuelle des revenus et de l'utile. Paul-Émile a remarqué que les apanages sont une invention que les rois de France ont rapportée de leurs voyages d'outremer.

Il y avait, avant la Révolution, dans les archives du château d'Azay-le-Rideau, des pièces qui prouvaient que Charles VII, n'étant alors que dauphin, fit pendre *dix-sept vingt quatorze habitans* de cette petite ville aux avant-toits de leurs maisons, qu'il fit brûler après cette expédition, mécontent de ce qu'ils s'étaient rendus précédemment aux Bourguignons. Cette catastrophe leur arriva en 1418, où ce prince vint assiéger la ville de Tours, que Charles l'Abbé, gentilhomme breton, qui en était le gouverneur, rendit à la première réquisition qui lui en fut faite. (*Histoire de France, par Velly et autres.*) Depuis ce tems-là on a ajouté le mot *brûlé* à celui d'Azay, pour distinguer cette ville de plusieurs autres petites villes et bourgs de France qui portent ce nom.

Les affaires de Charles VII étaient dans une telle situation au commencement de son règne, qu'ayant pris en 1427 la ville de Chinon sur les Anglais, qui s'en étaient précédemment emparés, il fut obligé, pour sa sûreté, de se retirer au château de cette ville. Ce fut sans doute à l'époque de cette prise que les tours flanquées de la porte du pont et de quelques parties des remparts, et des tours du côté de la rivière, reçurent les nombreuses empreintes de grosses balles qu'on voit sur leur surface, principalement sur celles des murs qui longent l'ancienne promenade du côté des prés, et dont trois assises de pierres sont criblées de grains de plomb de grosseur ordinaire, ce qui est d'autant plus vraisemblable que dans ce tems on ne faisait pas encore l'usage du canon, et fort peu celui de la poudre, qu'on employa d'abord pour tirer les petites armes à feu. Ce fut à l'attaque de Claudia-Fossa par les

Vénitiens, en 1366, que quelques Allemands leur apportèrent deux petites pièces d'artillerie, avec une certaine quantité de poudre et de boulets de plomb. Les Vénitiens s'en étant servi avec succès contre leurs ennemis en conservèrent l'usage, que leurs voisins adoptèrent insensiblement. Diego Ufano croit que ces pièces, faites à-peu-près cylindriquement, ne consistaient qu'en de fortes pièces de tôle de fer qu'on ferrait avec des cercles de la même espèce. Cette forme s'est perfectionnée avec le tems, et s'est approchée peu-à-peu de celle de nos canons d'aujourd'hui. (*Surirey De Saint-Remy, discours préliminaire de ses mémoires d'artillerie, troisième édition, pages* 7 *et* 8.) Il y a dans cette ville une petite pièce de cette première forme chez M. Bruneau, homme honnête sous tous les rapports, qui l'a trouvée dans des décombres de sa maison, et qui la fait voir à tous les curieux. Cette pièce a sept pouces de diamètre ; sa circonférence moyenne est de vingt-deux pouces ; sa longueur est de vingt-un pouces et demi ; les cercles de fer qui lui sont appliqués pour la serrer sont posés de deux pouces en deux pouces ; ils ont un pouce d'épaisseur ; le fer en douelles séparées comme celles d'un poinçon pour le vin a deux pouces et un quart de largeur et un pouce d'épaisseur. L'époque de l'atteinte guerrière donnée aux remparts, et aux tours qui en font partie du côté de la rivière, paraît d'autant plus probable que, peu de tems avant elle, on se servait pour assiéger les villes de plusieurs machines de nos anciens, et que, depuis Charles VII, la ville de Chinon a appartenu sans interruption aux rois ses successeurs, sans que l'histoire nous ait dit que, depuis ce tems-là, elle ait pris part aux différentes guerres qui ont déchiré la France. Quoi qu'il en soit, ce roi fit bâtir, pour Agnès-Sorel sa maîtresse, une maison dans le parc de Roberdeau, à deux cents toises de ce château, vis-à-vis la tour d'Argenton, qu'il avait fait construire peu de tems auparavant, ainsi que la porte de Verdun, et une partie des murs d'enceinte de cette ville, avec les deniers confisqués sur deux capitaines de ces noms, pour crime de trahison. On voit cette tour à gauche de la grande route, en arrivant de Tours à Chinon. On pratiqua entre ces deux édifices une voûte souterreine pour faciliter les visites clandestines de ce roi chez Agnès. Depuis très-long-tems il n'y avait plus de vestiges de cette communication, lorsque deux circonstances éloignées les firent découvrir, en pratiquant, il y a environ trente-cinq ans, la nouvelle route entre ces deux villes. On fut obligé de creuser la montagne qui en fait le débouché sur Chinon; et afin de rendre plus facile la montée de cette route, on rompit une roche qui couvrait une espèce de caveau d'environ dix pieds de profondeur sur toute la largeur de la route. Cette petite voûte étant remplie de décombres, on fut réduit à conjecturer qu'elle faisait partie d'une plus longue. Loin d'en faire la recherche, on se borna à en claquemurer les parties restantes sur les deux côtés de la route, autant pour soutenir le rocher qui est au-dessus, que pour n'en pas faire deux repaires de voleurs à craindre pour les passans.

Outre cette première preuve de l'existence de la communication entre le château et l'ancienne maison de Roberdeau, l'établissement d'un cimetière pour la paroisse de Saint-Maurice vient de faire connaître que la première voûte trouvée faisait effectivement partie de ce passage. Le 18 novembre de l'année 1806, le sacristain, en faisant une fosse, vit tomber une très-grosse pierre du dessus d'une porte couverte de huit à dix pieds de terre. Cette chûte facilita l'entrée de quelques personnes curieuses dans une voûte en pierre de taille très-bien conservée, et qui se prolonge en pente du côté de cette maison, et dans l'alignement du caveau fondu lors de la confection de la grande route. Sa porte est également dans l'alignement de celle que l'on voit dans le pied du mur du château, au couchant de la tour d'Argenton, et qui donne dans une cave en roc vif, d'où l'on montait par un escalier dont l'emplacement existe encore. Les décombres empêchent de mesurer la hauteur entière de cette voûte qui n'en laisse voir que six à sept pieds, et qui est de la même largeur que la première voûte découverte; elle se prolonge en pente du côté de ses anciennes parties. On ne peut en parcourir que quatre-vingts pieds de longueur à cause de son encombrement. Il y a vers son milieu un soupirail qui servait à éclairer ce passage, qui sans doute en avait plusieurs de cette espèce.

M. Drouin, homme de loi fort instruit, à Chinon, a communiqué à l'Auteur de ces Essais les résultats de sa visite récente dans ces souterreins. Ce légiste prétend que cette voûte est d'une construction plus ancienne que l'époque du séjour de Charles VII au château de cette ville, et qu'elle a été faite pour servir de communication avec les campagnes dans des tems de siège. Si cela était ainsi, cette voûte pourrait être une de celles dont il est parlé au commencement de cet ouvrage; alors la tour d'Argenton et la maison d'Agnès auraient été construites après-coup sur la direction de cette communication, ce qui est possible. Quoi qu'il en soit, la belle Sorel, au nom de laquelle on a oublié de consacrer une rue à Chinon, s'imaginait sans doute que, par le moyen d'un tel passage, l'opinion publique, toujours infaillible lorsqu'elle persévère dans ses jugemens sur les réputations personnelles, ne pourrait pas l'atteindre : elle se trompait, les mauvaises mœurs, quelque cachées qu'elles veuillent être, se décèlent toujours par quelques apparences assidues, toujours contraires à l'essence de la vertu, qui n'en veut pas de cette espèce pour être intacte. Sans cela on confondrait tous les jours dans le public les considérations relatives aux bonnes et aux mauvaises mœurs, ce qui ne serait pas juste.

Ce fut au château de Chinon que Jeanne-d'Arc, dite la Pucelle d'Orléans, native de Domremi, près Vaucouleurs en Lorraine, vint en 1428 trouver Charles VII.

Après l'avoir abordé sans le connaître, elle lui annonça qu'elle lui était envoyée de la part de Dieu pour faire lever elle-même, à la tête de ses armées, le siège d'Orléans entrepris depuis quelque tems par les Anglais, et pour le faire sacrer à Reims, ce qu'elle exécuta réellement ; mais ayant voulu aller au-delà des deux objets de sa mission, elle se rendit à Compiègne, que les Anglais assiégeaint alors ; elle y fut faite prisonnière dans une sortie, et fut conduite à Rouen, où on la condamna, le 31 mai 1431, à être brûlée vive, comme sorcière. Dubellai-Langei fut un des premiers qui jeta du doute sur le merveilleux de l'histoire de cette Pucelle. Il a fait depuis bien des prosélytes;

mais cette fille n'eut, comme la maréchale d'Ancre, brûlée aussi comme sorcière sous le règne de Louis XIII, que la vertu des ames fortes sur les ames faibles. On a donné à une des rues de Chinon le nom de cette illustre malheureuse.

En 1429, le connétable de Richemont, frère du duc de Bretagne, fit arrêter au château de cette ville le duc de la Trimouille, en présence du roi, qui souffrit cette violence sans en empêcher. Quelle faiblesse de la part de ce monarque!

Il y a note qu'un sieur Ménage, receveur des deniers royaux à Chinon, présenta à la chambre des comptes de Paris, pour sa décharge, l'emploi d'une somme de vingt sous, *pour manches neuves mises à un vieil pourpoint de ce roi.* Comment concilier cette apparence de pénurie avec la libéralité qui lui fit bâtir la tour de Saint-Étienne, et l'église paroissiale de Saint-Jacques du faubourg de cette ville? Il est probable qu'il ne les fit construire qu'après l'an 1450, où la bataille de Fourmigni, qu'il gagna sur les Anglais, fut le terme que la Providence avait marqué à son infortune.

L'une des plus solemnelles foi et hommage qui se soit jamais faite en France est celle de François, duc de Bretagne, au roi de France Charles VII, en la ville de Chinon, le 14 mars 1445, où le seigneur de Varennes, grand-chambellan, fit approcher le duc, lui disant ces paroles: *Monsieur, faites la foi et hommage à votre souverain ici présent, à cause de la couronne de votre duché de Bretagne, ses appartenances et dépendances, et lui promettez foi et hommage, et de prendre ses intérêts envers et contre tous, sans exception*; ce à quoi le duc répondit, adressant la parole au roi: *Monsieur, je vous fais la foi et hommage tels que mes prédécesseurs les ducs de Bretagne ont été accoutumés de faire aux rois vos prédécesseurs.* (*André Duchesne, Antiquités des villes.*)

Le dauphin fils de Charles VII, qui régna sous le nom de Louis XI, voulant former un parti contraire au ministère, s'adjoignit Daillon, Dubeuil et autres, pour seconder ses mauvaises intentions. Le comte de Dammartin, qui avait été mis dans le secret à son retour de la Savoie, dénonça au roi que, la cour étant au château de Rasilli (*), le dauphin lui avait demandé plusieurs gardes écossais et autres affidés, et que le projet était d'enlever le roi et de s'emparer de ce château. Charles VII, justement alarmé de cette conspiration contre sa personne, nomma le chancelier, et Rolland son secrétaire, pour interroger préliminairement Dammartin sur cette trame. L'affaire ayant acquis de l'évidence, une commission nommée par sa Majesté pour juger les coupables se transporta

---

(*) Dans le Vairon, à 2 lieues de Chinon.

à Candes, à trois lieues de Chinon, où on procéda aux informations, le 27 septembre 1446. Plusieurs gardes écossais furent condamnés à mort, et le dauphin reçut de suite l'ordre de se retirer à Grenoble, capitale de son apanage. (*Histoire de France, par Philippe-de-Comines, et autres historiens.*)

Ce fut à Candes où ce dauphin, devenu roi, fit brûler lui-même les pièces de restitution que Charles VII son père avait faite avant de mourir à Louis d'Amboise, vicomte de Thouars, de tous les biens qui avaient été confisqués précédemment sur ce seigneur, reconnu innocent du crime de lèze-Majesté dont il avait été accusé. Louis XI, en recevant ces pièces des mains même de Beaumont et autres commissaires qu'il avait envoyés dans cette ville pour s'en saisir, fit jurer à ceux qui étaient présens de n'en point parler. Ce roi pouvait compter sur leur serment, qu'ils n'auraient sûrement pas violé impunément. Ce prince étant allé quelque tems après au château des Forges, près Loudun, parla de ces lettres de restitution. Il dit qu'elles n'étaient ni en l'air, ni en terre, ni au ciel; cette indiscrétion fit aisément soupçonner le sort qu'elles avaient eues.

C'est à tort que quelques historiens ont dit que ce château est près de Chinon; cette terre est située dans le Loudunais. Il y a eu autrefois un château de ce nom près Chinon qui a été détruit. Il est possible que Louis XI ait habité successivement l'un et l'autre. La tradition loudunaise est en faveur de cette assertion pour l'anecdote qui vient d'être citée dans l'article précédent. L'erreur doit être relevée dans les *Recherches historiques et critiques manuscrites* de la Touraine, par feu M. de la Sauvagère, lues autrefois par l'Auteur de ces Essais, et qu'on assure avoir depuis ce tems-là été déposées à la bibliothèque impériale. Ce serait aux premières autorités du département d'Indre et Loire à demander, sur *récépissé*, au ministre compétent, la sortie de ce manuscrit précieux du lieu de son dépôt, ou pour le faire imprimer aux frais d'un éditeur, pour en avoir le profit, et pour le replacer dans ce lieu lorsque son travail serait fini, ou pour en avoir une copie qui serait mise honorablement dans la bibliothèque publique de cette ville. Cet ouvrage dédommagerait le département de ce que les Bénédictins, qui avaient le chef-lieu de leur ordre près de Tours, et qui ont fait l'histoire de presque toutes les provinces où ils avaient des couvens, n'ont pas donné l'histoire de la Touraine, qui aurait pu également être faite jusqu'à présent par quelques-uns de ses habitans. M. de la Sauvagère a dit à ce sujet dans un de ses écrits qu'on a remarqué que, de toutes les provinces, celle de la Touraine est la seule qui n'ait encore trouvé personne qui se soit occupé de cette histoire. Les habitans de cet heureux pays, contens de jouir des délices de toutes espèces qu'il leur procure, semblent avoir évité ce qui peut fatiguer l'esprit. Ce n'est pas faute de talens, mais ils ont toujours préféré à une vie pénible une aimable oisiveté ; et c'est sans doute d'après ces idées que le Tasse a dit si agréablement en parlant des Tourangeaux :

La terra molle, e lieta, e dilettosa,
Simili a se gli habitatori produce.

Ce qui signifie en français :

Leur fertile terroir, en délices suprême,
Produit des habitans semblables à lui-même.

L'Auteur de ces Essais, devenu Tourangeau par des circonstances heureuses, avait le projet de faire oublier cette espèce d'épigramme en entreprenant l'histoire statistique, ainsi que l'histoire politique, civile et militaire du département d'Indre et Loire; le seul aujourd'hui en France qui n'a pas son histoire particulière; mais ayant été forcé par des raisons particulières de renoncer à ce projet intéressant, il reste, dans son état d'inaction par rapport à cette double entreprise, persuadé que les précieux manuscrits qu'il a entre ses mains, concernant cette seconde histoire, seront un jour perdus pour les Tourangeaux.

Lorsqu'en 1481 on recevait à Bruxelles les envoyés d'Édouard, Marguerite d'Anjou, épouse d'Henri VI, roi d'Angleterre, était déjà arrivée en France. Elle vit Louis XI à Chinon, qui lui prodigua les témoignages apparens d'une extrême sensibilité à ses disgraces. Louis tint à Blois avec cette princesse, sur les fonts de baptême, le fils de Charles, duc d'Orléans, et de Marie de Clèves, sa troisième épouse, et donna son nom à ce jeune prince, qui devait un jour être un des plus grands de nos rois. Cette malheureuse princesse, prisonnière d'Édouard, et rachetée par Louis XI, mourut en 1482 à Dampierre près Saumur, et fut enterrée à S. Maurice d'Angers. (*Histoire de France par Villaret, continuateur de l'Abbé Velly, tome* 16, *pages* 454 *et* 455 ; *et Nouveau Dictionnaire historique au mot Marguerite.*)

René d'Alençon, comte du Perche, fils malheureux d'un père coupable, persécuté par Jean Daillon, Seigneur du Lude, fut arrêté en 1481 par celui-ci à la Roche-Talbot, fut conduit à Chinon, et renfermé dans une cage de fer d'un pas et demi de long, d'où on ne le tirait qu'une fois par semaine pour faire un repas. Le reste du tems on lui donnait à manger à travers les barreaux avec une fourche. Ce traitement barbare dura douze semaines entières. Le roi nomma une commission pour lui faire son procès. Son ennemi Daillon, et Jean Falaiseau, lieutenant du

Grand-Baillif de Touraine, en firent partie. Sa condamnation paraissant difficile au roi, il fut transféré à Vincennes, où le parlement de Paris, chargé de continuer la procédure, se rendit par égard pour la naissance de l'accusé. Le jugement eut pour base la volonté de sauver le prince et d'appaiser le roi. (*Histoire de France par Garnier, continuateur de Villaret, tome* 19, *page* 47 *et suivantes.*)

On ne parlera pas ici affirmativement du trop fameux César Borgia qui, dit-on, vint en 1499, de la part du pape Alexandre VI trouver Louis XII au château de Chinon, pour lui remettre les lettres de nullité de son mariage avec Jeanne, fille de Louis XI.

Une simple note sur cette ambassade ne suffit pas pour attester un fait dont aucun historien, excepté Brantôme, n'a parlé jusqu'à présent. Quoi qu'il en soit on reprochera toujours à ce roi d'avoir favorisé la famille d'un pape le plus méchant homme qui fût jamais, et de l'avoir comblé de bienfaits, sans doute pour parvenir à se faire séparer d'une princesse à laquelle il avait été redevable de sa liberté sous le règne précédent. Néanmoins il aima ses sujets. Sa plus forte envie fut de les rendre heureux. Il mérita d'en être surnommé *le père*, tant il est vrai que la première vertu d'un souverain est l'amour de son peuple.

Garnier se trompe lorsqu'il dit, tome 21, page 239 de son Histoire de France, que Ludovic Sforce, duc de Milan, fait prisonnier par la Trimouille, qui profita de la trahison des Suisses de l'armée de ce duc infortuné, fut mis d'abord à Pierre-Encise de Lyon, ensuite au château du Lis-Saint-Georges, enfin au château de Chinon, où il termina dix ans après sa malheureuse carrière sans avoir pu obtenir la permission de voir le roi, qu'il comptait séduire par ses talens de la parole; tous les historiens qui ont écrit avant cet auteur, s'accordent à dire que ce dernier évènement a eu lieu à Loches.

Avant de parler ici des calvinistes de Chinon, il paraît nécessaire d'y rappeler les raisons d'intérêt qui avaient concouru à éteindre dans bien des royaumes la foi catholique, et à y substituer des sectes contraires qui pensèrent faire adopter le protestantisme dans toute la France. Calvin, à l'exemple de Luther, ayant voulu s'immortaliser, crut ne pouvoir mieux y parvenir qu'en avilissant la religion catholique, et en proposant en même-tems un système de religion moins chargé de dogmes, de mystères, et d'un culte bien plus facile à suivre. Quoique les théologiens le contrariassent et que les magistrats le persécutassent, cependant à l'ombre de la dissimulation sa secte augmenta insensiblement pendant la minorité tumultueuse de François II et de Charles IX.

Rome le condamna. L'éclat de sa censure, et l'attention qu'on fit à des opinions qui se seraient sans doute dissipées d'elles-mêmes, occasionnèrent tous les malheurs qui arrivèrent à la France. La faculté de Paris travailla avec le zèle le plus louable à extirper cette hérésie ; les parlemens la secondèrent par leurs arrêts foudroyans ; les évêques lancèrent leurs anathêmes. Néanmoins cette nouvelle religion, qui n'avait pas encore de plan fixe, résista à tous les coups qu'on lui porta. Lorsque Calvin en eut tout-à-fait développé le systême, et qu'il n'y eut plus d'incertitude dans son exposé, beaucoup de catholiques apostasièrent la religion de leurs pères. Les théologiens, de leur côté, connaissant les points contestés, imaginèrent une manière capable de les défendre, et de détruire la doctrine de leurs adversaires ; ils donnèrent des articles qui devinrent la règle de la foi catholique. Ces précautions n'empêchèrent pas que le venin de la séduction ne se glissât dans les esprits. Enfin, l'an 1545, François I.er prit les armes contre les protestans, à la sollicitation du baron d'Oppède, premier président du parlement d'Aix, homme violent et sanguinaire ; il mit tout à feu et à sang dans la Vallée des Alpes, du côté de la Provence. Loin que ce parti extrême affaiblit la religion protestante, elle reprit au contraire une vigueur la plus inattendue. La sévérité d'Henri II n'empêcha pas ses sectateurs de tenir, en 1557, des assemblées auxquelles se trouvèrent des personnes de la plus grande distinction. L'indignation de ce roi contre des écrits injurieux à la religion et à sa personne en fit aller beaucoup à l'échafaud ; il allait les exterminer tous, lorsque la mort arrêta ses projets sanguinaires. François II, qui lui succéda, leur accorda, à la sollicitation de l'amiral de Coligny et du chancelier Olivier, l'édit de 1560 ; mais la découverte de la conspiration d'Amboise le fit retirer de suite. En vain ils assurèrent qu'ils n'avaient pas pris les armes pour soutenir leur religion, mais seulement pour réprimer la tyrannie des Guises, et pour obtenir des assemblées plus favorables dans leurs résultats que les précédentes. Charles IX, qui régna après ce dernier, leur en accorda à la suite desquelles ils eurent l'exercice de leur religion et des emplois publics. Les conspirations qu'ils formèrent de nouveau, les traités de paix qu'ils violèrent souvent, firent changer de conduite à ce roi. Il cessa d'avoir pour eux les attentions qui leur assuraient toujours des ressources. On disait hautement qu'il fallait les exterminer tous. Les actions suivirent de près ces propos. Tout retentissait de cet abominable projet, lorsque le massacre de la Saint-Barthélemy eut lieu. La nuit où il se fit ne put en cacher les horreurs à l'Univers; nuit affreuse, qui a répandu sur la mémoire de Catherine de Médicis et du roi son fils une tache indélébile, dont les moindres circonstances sont encore gravées dans tous les cœurs en caractères de sang. Plus les motifs qui déterminèrent Charles à souiller son sceptre de tant de cruautés seront couverts du voile de la politique, moins on doit pardonner à ce roi d'avoir abusé les protestans par des caresses qui cachaient les poignards qu'il aiguisait pour égorger ses propres sujets, sous le prétexte de venger une religion qui ne respire que douceur et charité.

Les Chinonais furent d'autant plus exempts de ce funeste évènement, qu'il y a apparence que dans ce tems-là ils n'adoptaient plus les nouvelles opinions de

Calvin; la preuve est qu'ils n'envoyèrent pas de députés aux Synodes provinciaux que les protestans tinrent à Loudun dans les années 1610, 1616, 1619, 1623, 1631, 1642, et aux assemblées générales des églises réformées de toute la France, qui eurent lieu dans cette ville dans les années 1619 et 1659. Les églises qui y comparurent pour les provinces d'Anjou, de Touraine, du Maine, du Loudunais, du Vendômois et du Perche, et qui sont dénommées dans tous les actes de ces assemblées, furent celles d'Angers, de Tours, du Mans, de Loudun, de Vendôme, de Saumur, de Craon, de l'Andelle, S. Agnan, Montoire, Bourgueil, Ponton, Laval, Mirebeau, Pringé, Beaugé, Château-Neuf, l'Isle-Bouchard, Château-du-Loir, Ardenay, Bellême, Mortagne, Châtillon-sur-Indre, Loches, Lassé, Montreuil-Bellai, La Barre, Mondoubleau, Preuilly, Le Puy-Notre-Dame, Château-Gontier, Membray et Poligny; et il n'est pas du tout question dans ces actes de députés pour la ville de Chinon. S'il y avait eu une église réformée dans cette ville, elle aurait été censurée dans ces mêmes actes pour n'avoir pas assisté à ces assemblées, ce qui était d'usage, comme l'attestent plusieurs expéditions de la tenue de ces synodes, qui sont entre les mains de l'Auteur de ces Essais. Cette non-comparution annonce que ses habitans ont presque toujours été fidèles à la religion de leurs ancêtres. Aussi l'armée catholique, commandée par le duc d'Anjou, après avoir passé quinze jours à la Celle près Châtellerault et à Chinon, et après s'être présentée devant Loudun pour l'assiéger dans l'hiver de 1568 à 1569, vint-elle prendre ses quartiers dans cette ville et dans ses environs, comme devant y être plus en sûreté que dans aucunes villes voisines, et le prince Condé en prit-il possession, en vertu du traité de paix signé à Loudun au mois de mai 1616, qui fut vérifié au parlement de Paris le 13 juin suivant, et à la chambre des comptes le 28 du même mois, et qui fut rompu aussitôt que ce prince, après avoir été mis à la Bastille, fut constitué prisonnier d'état au château de Vincennes. Ces faits paraissent contradictoires avec la défaite entière, vers l'an 1560, près de S. Genest-d'Amberre, à quatre lieues de Poitiers, des protestans de Tours, de Chinon et de Châtellerault par La Roche-Posay. Il est possible que cette défaite, dont il est parlé dans l'histoire du Poitou, page 177, tome 4, édition de Paris, eût fait changer de parti aux Chinonais; ce qui semble le prouver est la prise, quelque tems après, de leur château par les protestans, sans qu'ils eussent pu en empêcher. Brantôme dit mot pour mot à ce sujet, que *dans le commencement des guerres civiles les*

Huguenots ayant pris par surprise le château de Chinon, dont La Roche-Dumaine était capitaine, comme ils firent d'autres de la France qu'on ne se doutait pas, lui n'y étant pas ; quand on lui en porta la nouvelle : Eh tête Dieu plein de reliques, dit-il (c'était son jurement), faut-il que père éternel gagne pater noster je les en chasserai bien; ce qu'il fit, et jura encore un bon coup que *s'il eût failli et n'y fût rentré, il eût tenu Dieu pour Huguenot, et ne l'eût jamais servi de bon cœur.* Que de gens aujourd'hui disent de pareilles inepties en rendant, pour ainsi parler, Dieu responsable des évènemens malheureux qui leur arrivent, comme s'ils méritaient le bonheur qu'ils désirent pour eux !

En 1589, la Ligue croissant de jour en jour, Henri III avait besoin du roi de Navarre pour résister aux efforts criminels des ennemis de la France ; en conséquence il fut conclu une trêve entre ces deux rois, par laquelle la ville et le château de Saumur furent remis au roi de Navarre pour la sûreté de son passage de la Loire. Il y eut au château du Plessis-lès-Tours une entrevue qui dura trois jours, pendant lesquels il y eut de part et d'autre des protestations d'amitié et d'une sincère réconciliation. Ce fut à la suite de ce pourparler que le Prince béarnais sortit de Tours et arriva le 8 mai à Chinon, où il resta quelques jours avec une partie de ses troupes. Le duc de Mayenne, chef de la Ligue, voyant les forces de ces deux souverains ainsi dispersées, et se fiant aux intelligences qu'il avait avec plusieurs grands du royaume, fit de suite une route de douze lieues, se présenta avec son avant-garde au-dessus du faubourg S. Symphorien de Tours. Henri III, surpris de cette marche inattendue, rassembla les forces qui l'environnaient, et manda au roi de Navarre, qui était encore à Chinon, de faire toute diligence pour venir à son secours; ce que celui-ci exécuta sur-le-champ. Un service aussi important acheva de bannir toute défiance entre ces deux rois, qui s'avancèrent de concert vers Paris pour d'autres opérations. (*Inventaire général de l'Histoire de France, pages 193 et 794.*)

Henry IV en apprenant, deux mois après, l'enregistrement de la proclamation en faveur du cardinal de Bourbon, pour succéder à Henry III, assassiné par frère Jacques Clément, jacobin, envoya Duplessis-Mosnay à Chinon, où ce vieillard avait été renfermé l'année précédente, avec ordre de le transférer à Fontenay en Poitou. (*Histoire de France, seconde partie, tome II, livre 6, chapitre 3, page 385, par Antoine Fantin Desodoards.*)

En 1620, la reine mère mécontente de l'inexécution du traité d'Angoulême fait au mois d'avril de l'année précédente entre elle et son fils, par lequel on lui accorda le gouvernement de l'Anjou, le gouvernement particulier d'Angers, du Pont-de-Cé avec celui de Chinon, dont elle vint prendre possession le 29 août de cette année ; et conseillée par l'évêque de Luçon, connu depuis sous le nom de cardinal de Richelieu, qui voulait se rendre nécessaire à la cour et faire acheter sa médiation, ralluma la guerre, espérant être soutenue par les grands du royaume. Les ordres furent donnés dans toutes les provinces pour veiller sur les entreprises des rébelles. Le maréchal de Bassompière, qui tenait au parti du roi, passa à Chinon pour savoir si le gouverneur de cette ville était de ce parti. Sur l'affirmative, il y mit en garnison quatre compagnies du régiment de Navarre. Le roi, après s'être montré en Normandie, vint à Angers, où la reine se soumit après la capitulation faite entre Sa Majesté et elle, le 11 août de la même année. (*Mémoires du maréchal de Bassompière.*)

Le commencement du dix-septième siècle était tellement tourné à la magie, que la Sorbonne, pour empêcher les mensonges ordinaires dans cet art, donna la décision que voici :

» Nous, soussignés, Docteurs
» de la faculté de Paris, touchant
» certaine question qui nous a
» été proposée, sommes d'avis
» que l'on ne doit jamais ad-
» mettre les démons à accuser

» autrui; moins encore employer
» les exorcismes pour connaître
» les fautes de quelqu'un, et
» pour savoir s'il est magicien;
» et quand lesdits exorcismes au-
» raient été appliqués en présence
» du Saint-Sacrement, avec ser-
» ment tiré du diable, en le fai-
» sant jurer, qui est une céré-
» monie que nous n'approuvons
» pas, toutefois l'on ne doit pas,
» pour cela, y ajoûter aucune foi,
» étant toujours menteur et père
» du mensonge, les exorcistes
» aussi n'étant pas infaillibles en
» toutes sortes pour faire réussir
» un tel effet comme on prétend,
» ainsi que le tient la plus com-
» mune opinion des Docteurs;
» considéré d'ailleurs que le dia-
» ble se délecte grandement en

» la calomnie et imposture, et
» est ennemi juré de l'homme;
» de sorte que, nonobstant les
» terribles tourmens qu'il endure
» par les exorcismes, étant abjuré
» au nom de Dieu, en la pré-
» sence du très-Saint-Sacrement,
» il aime néanmoins encore mieux
» souffrir tout ce mal en mentant
» impudemment, pourvu qu'il
» décharge et exerce sa rage sur
» celui contre lequel il aura des-
» sein; à quoi on ajoûte que,
» si cette porte était une fois
» ouverte, les plus gens de bien
» ne seraient pas en assurance,
» vu que c'est à ceux-là qu'il
» en veut principalement. Pour
» ce, S. Thomas, livre 22, ques-
» tion 9, article 2, soutient,
» avec l'autorité de S. Chrysos-

» tôme, que *dæmon etiam vera*
» *dicenti non est credendum;* et
» de fait, Notre Seigneur, en
» S. Marc, chapitre 1, et S. Luc,
» chapitre 3, ne laisse point parler
» les démons, mais leur impose
» silence, quoiqu'ils disent la
» vérité en l'appelant le fils de
» Dieu; dont il appert que l'on ne
» doit nullement procéder contre
» ceux que le diable aura accusés
» quand il n'y a pas d'autres
» preuves, et aussi nous voyons
» cela bien observé en France,
» où les juges ne connaissent
» point de telles dépositions; et
» d'autre part tout le discours
» tenu par le diable, ainsi qu'il
» nous a été rapporté, est encore
» particulièrement suspect pour
» être trop long, tenu d'une te

» reur sans syncope ni intermis-
» sion. Fait à Paris, le seize février
» mil six cent vingt. *Signé* André
» DUVAL, P. GAMACHE, et N.
» IMBERT. »

Malgré cette décision sorbonique, faite pour renverser les témoignages des démons et des possédés, ainsi que les raisonnemens qu'on avancerait contre sa sagesse, on ne vit pas moins quelques années après les horreurs que commirent les possédées de Loudun et de Chinon, et leurs exorcistes, qui apprirent à ces filles quelques mots latins, et tout ce que l'art de l'histrion a de plus agile, afin de les faire passer pour démoniaques. Ce jeu fit d'abord quelque illusion. Le peuple, toujours facile à tromper, le regarda avec un sérieux mêlé d'étonnement, et prit cette imposture pour la vérité. Cependant cette erreur n'enchaîna pas longtems les esprits. On forma bientôt des soupçons et des jugemens, et l'on finit par se convaincre que les prestiges qu'offrait le spectacle des exorcismes venaient moins des démons que de l'adresse des actrices; encore ces filles, malgré le soin que l'on prenait tous les jours pour les former, jouaient-elles souvent leur rôle de manière à se trahir, comme on le verra ci-après pour les possédées de Chinon.

Les Loudunais gémissaient de ce que leur ville venait d'acquérir une malheureuse célébrité, en servant de théâtre à une action qu'ils désapprouvaient hautement, lorsque les Chinonais furent menacés d'un éclat aussi affreux pour leur ville. Pierre Barré, curé de Saint-Jacques de Chinon, déjà connu désavantageusement par ces exorcismes sur les prétendues possédées de Loudun, ayant voulu jouer le même rôle avec les possédées de sa paroisse, fut arrêté dans le projet qu'il avait d'envoyer à l'échaffaud, pour crime de magie, Sansterre, curé de Saint-Louand, près Chinon, et le prêtre Gilloire, habitué de son église. Le cardinal de Lyon, les évêques d'Angers, de Chartres, de Nîmes, qui avaient réfléchi sur le scandale que la possession de Loudun avait occasionné, et sur les railleries amères que les hérétiques avaient faites touchant la manière dont on profanait le Sacrement eucharistique, étant à Bourgueil, au mois de novembre de cette année, ordonnèrent à Barré d'amener dans cette ville les filles qu'il exorcisait ordinairement à Chinon. Leur ordre fut exécuté, mais ces énergumènes n'osèrent dire un seul mot devant eux.

Le Cardinal de Lyon leur fit des questions analogues à leur position ; elles restèrent toujours muettes ; il demanda à l'exorciste pourquoi ces filles ne parlaient pas ; cet homme de mauvaise foi lui répondit qu'il fallait bien qu'il y eût un pacte de silence entre les démons qui les possédaient et les magiciens qui les avaient maléficiés. Le Cardinal lui répliqua qu'il devait rompre ce pacte en qualité d'exorciste qui travaillait au nom et avec l'autorité de l'église. Barré refusa de le faire; ces évêques soupçonnèrent alors la cause de son refus; ce prêtre qui craignait les suites de sa réponse, prit aussitôt en main une hostie et assura en présence de tous les assistans, que les démons possédaient ces filles, comme il était sûr que le corps de Jésus-Christ était contenu dans cette hostie, sous les apparences du pain et du vin. Ces prélats, indignés avec juste raison dirent qu'il était bien impudent et bien hardi de faire un serment aussi déplacé. Un d'eux lui ajouta que s'il était sous sa juridiction il le ferait punir comme il le méritait. Quelques tems après, le cardinal de Lyon étant en cour, dit au Roi ce qui s'était passé à Bourgueil; sa Majesté fit faire, par M. l'archevêque de Tours, défense à Barré de continuer ses exorcismes. Cet hypocrite méprisa cet ordre, aidé dans ses projets par un médecin natif de Chinon, contre le sentiment de Claude Quillet, médecin, également originaire de cette ville, qui fit, contre ces prétendues possessions, un excellent poëme auquel on n'eut aucun égard.

Néanmoins Sansterre accusé de magie par ces prétendues possédées, poursuivit au parlement de Paris Barré et ses complices. L'affaire fut renvoyée à l'officialité de cette capitale, qui rendit un décret contre Barré et ses énergumènes; mais Sansterre étant revenu à Chinon, eut la faiblesse d'en faire la confidence au Lieutenant-général du baillage de cette ville, un des juges qui avait condamné Urbain Grandier, curé de Saint-Pierre du marché de Loudun, à être brûlé vif comme magicien. Cet indiscret magistrat trahit le secret de Sansterre; le curé de Saint-Jacques informé de la teneur de ce décret, fit sur-le-champ renfermer les possédées dans le château de Chinon, pour les garantir de toutes recherches domiciliaires, et se pourvut devant Laubardemont, intendant de Tours, président de l'infâme commission (*) qui avait jugé l'innocent Grandier. Ce commissaire départi défendit à Sansterre de se pourvoir ailleurs que pardevant lui, pour les cas présens ; à l'effet de quoi Paul Bonneau sieur Desgenets, conseiller à ce siège, se trans-

---

(*) L'histoire du Poitou ne donne pas, dans l'article qui concerne Urbain Grandier, tome VI, page 159 et 160, les noms des deux juges de Chinon qui firent partie de cette commission, et qui sont nommés dans l'Histoire des Diables de Loudun, imprimée à Amsterdam, en 1752 ; elle n'y nomme que Constant, avocat du Roi au présidial de Poitiers, le président Auguste Dumoustier de Bourneuf et Louis Chauvet, lieutenant civil au baillage de Loudun, qui refusèrent, y dit-on, d'être du nombre des magistrats qui jugèrent à mort ce prêtre infortuné, le 18 août 1634, et qui fut exécuté le même jour.

porta, accompagné du greffier de ce tribunal et de trois archers, chez les parens de ces possédées, pour les sommer de les représenter sur-le-champ ; que faute de ce, il les ferait enlever le lendemain. Il y eut opposition de la part de Barré, qui présenta une nouvelle requête à Laubardemont, qui ordonna que sa précédente ordonnance serait exécutée selon sa forme et teneur. Bonneau ne put aller au-delà de cette ordonnance, qui laissa subsister les choses dans le même état, jusqu'en 1640, où une des possédées fit acheter un poulet par une de ses voisines. Après l'avoir saigné elle-même, elle en conserva le sang dans une fiole, qu'elle répandit sur la nape du grand autel de l'église de

Saint Jacques; Barré parut faire des perquisitions sur ce fait. Comme il savait bien d'avance qu'il ne découvrirait rien à ce sujet, il interrogea le diable de cette malheureuse, qui, pressée par cet exorciste, répondit que ce sang venait de la défloration de cette fille dont la vertu avait été mise à contribution par le prêtre Gilloire, qui magiquement s'était trouvé, dès le grand matin, dans cette église, lorsque cette hypocrite venait y faire ses dévotions. Cette déclaration fausse, qui sans doute fait horreur au lecteur, ouvrit les yeux à la voisine qui avait acheté ce poulet; ses soupçons parvinrent au Lieutenant criminel, dont l'enquête découvrit la vérité du fait. Cette Chinonaise, que rien n'arrêtait pour atténuer les dispositions de cette enquête, et pour consommer son crime, usa d'un stratagême bien affreux; elle se servit d'un espèce de pessaire obturateur de plomb, pour arrêter le cours de ses urines, et pour avoir lieu de se plaindre des maléfices des magiciens; elle demanda à son exorciste la permission d'aller à Tours pour recevoir en l'autorité de l'église, des secours aux maux qu'elle souffrait. M. l'archevêque de cette ville était alors absent; son coadjuteur, homme prudent, parut compatir à sa position; mais cet ecclésiastique ayant fait venir deux hommes forts et vigoureux, et deux sages-femmes habiles, la supercherie de cette indigne créature fut découverte. Il la fit sur-le-champ conduire dans les prisons de Chinon, pour faire informer contre elle et contre ses complices. Cette affaire aurait eu les suites qu'elle méritait, sans la considération qu'on eut pour les parens de ces femmes, dont la plupart étaient recommandables, et sans les ordres d'un Ministre puissant, qui désirait beaucoup que cette possession prit fin d'une manière qui ne fît pas trop d'éclat, et qui ne rappelât pas trop le supplice d'Urbain Grandier, que des juges iniques avaient sacrifié à sa vengeance particulière. Barré ayant été privé de sa cure, fut banni du diocèse de Tours et fut renfermé au Mans, dans une communauté d'hommes; les femmes et les filles qu'il avait exorcisées à Chinon furent récluses pour le reste de leurs jours. Ainsi finit une trame ourdie par la méchanceté d'un prêtre contre deux de ses confrères innocens du crime de magie dont il les avoit fait accuser par des filles qui avaient en lui une confiance religieuse, et dont les cœurs s'étaient sans doute *internés* avec le sien. Les intrigues qui eurent lieu en même-tems dans leur prétendue possession et dans celle de Loudun furent dangereuses en ce qu'elles tendirent à établir en France des maximes qui y auraient fait craindre les auto-d'a-fé de l'inquisition, sans la sagesse des évêques précités, qui en déconcertèrent les mesures perfides.

O siècle de déceptions dans l'art magique, tes jours affreux sont heureusement passés pour ceux contre lesquels cet art funeste aurait pu être dirigé dans les deux derniers siècles ! Tes commissions judiciaires, en harmonie avec ceux qui les ordonnèrent, aidées de faux accusateurs et de témoins subornés, n'allumeront plus des buchers pour immoler des victimes innocentes du prétendu crime de sorcellerie, qui conduisit dans les flammes l'héroïne du quinzième siècle, le prêtre Gauffredi, d'Aix, l'intriguante Éléonore Galigaï et le malheureux Grandier ! Ménage, pour prouver qu'il n'y a pas d'innocence à l'épreuve du choix des juges, dit à l'occasion de ces sortes de commissions : *qu'on donne à un accusateur le choix des juges, il fera bruler par des juges molinistes tous les évêques jansénistes, et par des juges jansénistes tous les évêques molinistes.* La divine providence dont les ressorts sont impénétrables, sans doute, laisse quelquefois paraître sur le théâtre du monde des événemens de cette espèce, pour faire connaître ou l'impiété de ses enfans, ou les abus que ceux-ci font de la religion pour exercer des vengeances particulières.

De tous les événemens qui tiennent à la révolution, dans la ville de Chinon, il ne sera ici question, pour ne pas réveiller des haînes locales, que de celui qui est relatif aux cinq à six cents hommes venus des départemens voisins, qu'on dirigeait vers Orléans, dans la crainte que, dévoués aux Vendéens, ils ne prissent les armes en faveur de ceux - ci. Ces malheureux, arrivés à Chinon sous la conduite d'une escorte étrangère, commandée par un nommé Petit, furent logés en partie dans l'église des Ursulines, et le surplus dans celle de Saint-Mexme. Ces derniers, au nombre de trois cents, étaient destinés à un sacrifice horrible, puisque dès le lendemain matin on leur fit traverser la ville sous le prétexte de les conduire beaucoup plus loin; mais, arrivés au bas des Quinquenais, ils furent tous massacrés. La municipalité s'empressa de faire inhumer au nord de la route, vis-à-vis l'horloge, et aux environs du château, les cadavres sanglans de ces nombreuses victimes.

Jetons ici un coup-d'œil sur les établissemens ecclésiastiques qui existaient autrefois à Chinon, et sur quelques institutions laïques.

L'incertitude que l'on a sur l'origine de la ville de Chinon en fait naturellement naître une sur les Dieux que ses premiers habitans ont adorés. Il est probable que si elle existait avant la naissance de Jésus-Christ, ils ont dû d'abord encenser les idoles des Gaulois, et que ce ne peut être que dans le tems où vivaient S. Martin, S. Hilaire de Poitiers et S. Mexme qu'ils reçurent les lumières de l'évangile. Ces idoles étaient *Ensus*, *Theutatès*, *Ar-*

duina, *Belenus*, *Taranis*, *Balisana*, *Nehalemnia*, *Eurisès*, *Senani*, *Veilo*, *Abellio*, *Allutius*, *Dusius*, *Silejanus*, *Cernunnos*, *Tarvos*, *Trigeranus*, *Volianus*, *Canulus* et *Circius*. Plusieurs de leurs figures furent trouvées, en 1711, sous l'église de Notre-Dame de Paris, lorsqu'on y pratiqua le caveau destiné à la sépulture des prélats de cette ville. Il est vraisemblable que la chapelle de Chinon, encore existante dans les bas de Saint-Maurice, qui fut la première église de cette ville, a été bâtie dans le quatrième siècle, vu que dans les siècles précédens les premiers chrétiens ne s'assemblaient la nuit que dans les chapelles souterreines pour éviter la persécution des payens.

Il y a au bout de la grande digue, dont il a été ci-devant parlé, une ancienne chapelle connue sous le nom de Saint-Lazare, qui tenait autrefois à un établissement destiné à retirer les lépreux. Aucun acte n'atteste l'existence de cet établissement que le don de cent sols, aujourd'hui quatre-vingt-quatre livres, fait en 1225 à chaque ladrerie de France, par testament de Louis VIII, dans lequel celle de Chinon fut comprise pour cette modique somme.

Si l'on croit une tradition locale et toujours soutenue, il y eut autrefois dans cette ville un couvent de Templiers, qui s'y établirent après le calme des Croisades, dans les maisons sises grande rue, numéros 74 et 77.

Leur ordre fut détruit en 1312. Le motif de leur destruction et de la mort qu'ils subirent fut un évènement monstrueux, soit que le crime contre l'ordre de la nature dont ils furent accusés fût avéré, soit qu'ils fussent coupables de quelqu'autre crime. Philippe-le-Bel envoya à tous les baillis du royaume un ordre cacheté, avec défense, sous peine de la vie, de l'ouvrir avant le 13 octobre 1309. Ce jour venu, chacun décacheta son ordre, qui portait de mettre en prison les Templiers : tous furent arrêtés le même jour, et le Roi fit aussitôt saisir leurs biens. Il paraît que l'exemple de leur punition n'a pas fait jusqu'à présent une grande sensation dans les mœurs, puisqu'il y a encore de ces sales et dégoûtans *non conformistes* qui ne sont pas traités avec la même rigueur que les enfans de Hugues-de-Payens et de Geoffroi d'Adhémar, qui, en les fondant, ne prévirent sûrement pas leur fatale destinée. O Sodôme ! O Gomorrhe ! vous fûtes sans doute plus coupables que ces malheureuses victimes, que l'opinion publique n'a pas encore osé juger jusqu'à présent. Le grand-maître, Jacques-de-Molai, et plusieurs autres chefs de l'ordre furent conduits au château de Chinon, pour y subir leur premier interrogatoire. Les deux cardinaux qui furent chargés de cette opération eurent la mauvaise foi d'écrire à Philippe-le-Bel que ces infortunés avaient avoué tous leurs crimes ; ce qu'ils nièrent devant les commissaires apostholiques, qui firent à Paris les informations contre l'ordre entier. En vain ils demandèrent de paraître, à Poitiers, devant le pape Clément V, et d'être confrontés en sa présence, avec les Templiers dont on avait arraché les aveux par les tourmens et par les menaces de la mort : la justice n'écouta rien, l'autorité seule parla. Leur crime fut sans doute d'avoir trop de richesses, dont on fit des usages différens en France, et dans tous les royaumes de l'Europe où ils eurent de grandes possessions. (*Préliminaires de la tragédie des Templiers, par Renhouard. Histoire de l'abolition de l'ordre.*)

La chapelle du pont, sous

l'invocation de la Vierge Marie, fut fondée en 1343 par un seigneur de la Roche-Clermault, près Chinon, pour trois chapelains qui y devaient chacun trois messes par semaine, et qui devaient y chanter les premières vêpres et matines les veilles des quatre fêtes de la Vierge, et ces jours-là y dire à notes les grand'messes et les vêpres. Ils furent dotés de chacun vingt septiers de froment, de deux pièces de vin et de vingt-quatre francs en argent, représentatifs de quelques droits de charnage. Ces trois chapelains furent long-tems à la nomination des seigneurs de cette terre. Ce droit ayant été quelquefois négligé, un archevêque de Tours nomma aux places vacantes;

mais, par un arrangement subséquent, ce prélat n'eut plus qu'une nomination à sa disposition.

Les religieux Augustins qui existaient à Chinon avant la révolution y avaient été fondés vers l'an 1440. Un seigneur de l'Olive-Guéritaude, et plusieurs personnes de cette ville, les dotèrent successivement de manière à pouvoir vivre dans la suite de leurs revenus et du fruit de leurs messes, dans la ville et à la campagne. Ce fut dans le chapitre provincial qui se tint dans leur couvent, en 1598, qu'on s'occupa de leur discipline, à l'occasion des désordres qui s'étaient introduits dans leurs maisons de Bourges et de Poitiers, où le déréglement de leurs mœurs était si grand, que le ministère public de ces deux villes fut obligé d'en porter des plaintes au général de leur ordre. Il fut sur-tout défendu aux religieux d'avoir des entrevues avec les femmes, de sortir sans avoir un compagnon d'un âge plus mûr, même en allant confesser celles qui étaient malades, de converser avec le sexe féminin à la porte de leurs couvens, si ce n'est avec la permission de leur prieur, et en présence d'un religieux qui verrait et entendrait tout, excepté les sœurs et les plus proches parentes de ces religieux, que l'assistant se contentait de voir, sans prêter l'oreille à leur conversation. Les vieillards étaient dispensés de cette gêne. Les supérieurs avaient la plus grande autorité pour la correction des coupables, qu'ils pouvaient faire mettre en prison avec les fers aux pieds. Ils pouvaient, et faire donner la discipline à ceux qui n'étaient pas prêtres, et condamner tous les religieux convaincus de fautes graves à se coucher sur le seuil de la porte du réfectoire, afin, qu'en sortant, les autres religieux leur passassent sur le corps. Ils avaient aussi le droit abusif de faire appliquer à la question les accusés, *ut scelerati et pestiferi viri, si qui fuerint, (quod absit) possint de suis sceleribus convinci et corrigi.* (*Histoire du Poitou*, d'après l'imprimé de ce réglement.)

Les réformés du fameux Baschi,

connus sous le nom de capucins, s'établirent à Chinon vers l'an 1660 par les aumônes que les habitans répandirent sur ces pauvres religieux, qui y ont resté jusqu'à la révolution.

On voit dans l'extrait de titres probans que les habitans de Chinon ayant demandé à M. Bertrand, archevêque de Tours, l'établissement d'un couvent de religieuses Ursulines dans cette ville, la dame de la Barre et la dame Ursule, sa sœur, furent au mois de mars 1632, tirées du monastère de cet ordre à Saumur, pour former cet établissement. Elles firent prendre à rente, après la mort de leur père, sous le nom de leur mère et de leur frère aîné, qui demeuraient à Chinon, plusieurs maisons et jardins contigus à la place de la Parerie. Après avoir fait arranger leurs logemens, elles allèrent à Tours, d'où elles amenèrent, avec la permission de ce prélat, plusieurs religieuses professes, sous la conduite de ses grands vicaires, qui les établirent dans leur nouveau couvent avec la plus grande solemnité, et qui nommèrent pour première supérieure de cette communauté la dame de la Barre. Elles ne furent pas long-tems dans cette maison; ayant acheté trois arpens de terre joignant les murs du bourg Saint-Jacques, elles firent venir, en 1635, Dom Louis de Saint Bernard, prieur des Feuillans de Tours, pour prendre le plan de ce monastère. Madame de Bouthillier, surintendante des finances de France, dame de Chavigny, dont le château superbe de ce dernier nom, à deux lieues de cette ville, fut bâti à peu près dans le même temps, posa, en 1636, la première pierre de leur église, en présence de tous les ecclésiastiques et magistrats de cette ville, qui y allèrent processionnellement, suivis d'un grand concours de peuple. Cette dame leur fit présent de quatre cents livres. Il paraît que ce beau couvent ne fut pas long-tems en construction puisque, dans les comptes de 1638, on voit des marchés payés pour les couvertures, les portes, les fenêtres et les cellules; et que les deux cloches furent bénites en cette année, par M. Lehoux, chanoine de l'église de Tours : la grosse fut nommée *Augustine* par M. des Coubleaux, abbé de S. Leomer, et par madame de Beauveau ; la seconde fut nommée *Ursule* par M. de la Barre, lieutenant criminel au bailliage de cette ville, et par mademoiselle Duveau de Valère.

On voit dans les achats des matériaux que le millier d'ardoises ne coûtait que six francs, que deux poinçons de chaux ne valaient que quatre francs, qu'on avait pour quinze à vingt sols une la toise cube de pierres de moëlon, dont le transport, à pied d'œuvre, ne coûtait que trente à quarante sols ; que la toise carrée de maçonnerie ne valait, suivant sa hauteur, que de quinze à vingt sols; que la menuiserie, la serrurerie et autres objets qui entrent dans la construction des bâtimens avaient un prix relatif à ces premiers prix. Qu'on juge la différence énorme qui existe entre ceux-ci et ceux que nous payons aujourd'hui : cette différence est au moins de trois quarts en sus, sans que le prix des denrées, qu'on disait être autrefois la base des prix des choses usuelles, dans la société, soit dans la même proportion.

On ne peut rien dire ici de positif sur l'établissement dans cette ville des religieuses du Calvaire, de l'Union-Chrétienne, de l'Hôpital et de la Charité, ayant été impossible de faire la recherche des titres qui tous ont été détruits par la révolution. On sait seulement que ces premières religieuses bénédictines de l'ordre de Fontevrault furent réformées par Antoinette d'Orléans et par son éminence grise le fameux Leclerc-Dutremblai, capucin, et que ce couvent fut le quatrième fondé en France; que les secondes y tenaient les petites écoles pour la jeunesse chinonaise; que les troisièmes furent fondées pour le soin des malades pauvres de la ville et de la campagne à l'hospice du lieu, et que les dernières allaient *per domos* recommander aux charités ceux qui, étant malades chez eux, répugnaient par orgueil à aller à cet hospice, qui ne profita jamais de cette vanité déplacée pour donner, par des abus intérieurs, une direction contraire à la vraie destination de ses revenus.

Avant l'institution d'un collège pour les études latines, l'éducation des jeunes gens de Chinon était confiée à plusieurs maîtres. L'époque de cet établissement public fut celle de la suppression des écoles particulières. Ce collège fut, il y a peu d'années, doté des biens du prieuré des Roches-S.-Paul, à une lieue de cette ville. La révolution l'a dessaisi de ces biens, comme l'ont été tous les établissemens de cette espèce, qui languissent dans bien des endroits, faute d'instituteurs qui sachent se persuader que ce n'est plus avec le fouet et avec la ferrule à la main qu'on enseigne la jeunesse ; mais avec la religion, les bonnes mœurs, le bon exemple et l'érudition, qui sont les bases principales de l'éducation que les directeurs zèlés de ce collège donnent aujourd'hui à la jeunesse confiée à leurs soins.

La salubrité de l'air à Chinon semblait devoir garantir cette ville de toutes les maladies contagieuses qui pouvaient l'infecter ; mais il y a apparence que cela ne fut pas toujours ainsi, puisqu'on y bâtit autrefois, hors de la porte Bessé, une maison nommée *Sanitat*, nom consacré dans tous les tems aux maisons destinées à retirer les pestiférés. Aucun titre ne donne l'époque à laquelle la peste fit ses ravages dans cette ville, à moins, ce qui est vraisemblable, qu'elle ne soit venue par communication de celle qui, dans les années 1597, 1598, 1599, 1600, 1601, 1602, 1603 et 1604, mit au tombeau plus des trois quarts des habitans de Loudun, malgré l'établissement d'un *Sanitat* dans cette ville, que deux conseillers au bailliage furent solliciter auprès d'Henri IV, en faveur de leurs concitoyens, qui les députèrent à cet effet, et malgré les précautions qu'on y prit d'interdire toute communication entre ces deux villes. (*Histoire du Loudunais, par l'auteur de ces Essais, édition de* 1778, *page* 80.)

Passons à la création des tribunaux qui existaient à Chinon

avant la révolution, et à celle des charges dont ces tribunaux étaient composés.

Dans le régime féodal, chaque état avait ses lois et ses juges; les ducs administraient la justice dans les capitales, les comtes dans les villes particulières, et le centenier la rendait aux peuples de la campagne. Les abus se glissèrent dans cette administration. Louis I.*er* voulant les corriger, nomma des commissaires appelés *Missi Dominici*, pour entendre quatre fois l'an les plaintes de ses sujets, et pour casser les jugemens rendus contre les lois. Louis VI ayant affranchi la plus grande partie de son royaume, les serfs devenus citoyens demandèrent des juges de leur condition. Ce prince les leur accorda ; mais ils furent toujours obligés de porter leurs appels devant les tribunaux de leurs seigneurs. Dans la suite on créa des grands baillis qui, par l'attribution des cas royaux, devinrent les principaux juges. Cette innovation énerva dès-lors toutes les justices seigneuriales. L'ignorance de ces baillis leur fit adjoindre des lieutenans de robes longues, *capables de loi*, auxquels on donna dans la suite la dénomination de présidens, de sénéchaux ou de lieutenans généraux dans les justices royales, en laissant seulement à ces grands baillis une ombre de considération dans leurs places, qui leur donnèrent le droit d'assister aux audiences en épée, avec séance au-dessus de leurs suppléans, et celui d'intituler en leurs noms et qualités les jugemens qui y seraient rendus ; ce qui les consola beaucoup de leur incapacité.

La charge de lieutenant civil est d'une ancienne création ; il y en avait au Châtelet de Paris, en 1254; les baillis pouvaient destituer leurs lieutenans ; l'édit de 1454 leur ôta cette faculté. Ces lieutenans ne pouvaient être substitués que dans les cas de maladie ou autres empêchemens raisonnables : beaucoup de lieutenans-généraux, tels qu'à Chinon, réunirent cette place à la leur, pour avoir les profits de la plume.

Il y avait à Chinon, dans le quatorzième siècle, un bailli de vant lequel les exempts de l'Anjou avaient leurs causes commises ; il y en avait aussi de la province du Poitou. On voit que Charles V accorda au chapitre royal de Sainte Croix, de Loudun, des lettres de sauve-garde, et que ce bailli leur fut donné comme gardien de leurs exemptions, par lettres données à Paris, au mois de mai 1336. Il en fut ainsi de l'abbaye de S. Maixent, dont les affaires furent portées devant le même juge, par lettres datées du bois de Vincennes, le 23 juillet 1373. (*Secousse. Ordonnance des Rois.*)

Il y eut en 1635 des charges de présidens créées dans quelques sièges royaux où il n'y en avait pas. Un édit de 1764 les supprima, ainsi que celles d'une création antérieure dans d'autres sièges et dans tous les présidiaux. Le roi et les seigneurs engagistes des villes, qui avaient de pareilles juridictions, durent rembourser ces charges d'après la liquidation qui en avait été faite précédemment par les titulaires. Un lieutenant général de Chinon ayant réuni cette charge à la sienne, il n'y eut pas dans ce siège de suppression nominative pour elle.

Les charges de lieutenans criminels, dans toutes les justices royales, furent créées par édit du 4 janvier 1522. On peut dire que plus ces charges étaient difficiles dans leurs fonctions, plus il se trouva de magistrats capables de les remplir; aussi la France peut-elle se faire gloire d'avoir eu de très-grands criminalistes, excepté (ce qui était très-rare) ceux qui par haine ou par d'autres passions s'écartaient de l'exactitude de leurs devoirs, tels que les lieutenans criminels qui instruisirent le procès du chevalier de la Barre, que Voltaire s'est contenté de plaindre dans ses ouvrages, et le fameux procès des Calas de Toulouse, que cet auteur a fait justifier après leur mort, par un arrêt solennel. Que n'était-il possible de les rendre à la vie!

La création d'assesseur civil et criminel dans les sièges royaux, est du mois de juin 1586. Cette charge donna aux pourvus le titre de premier conseiller dans chaque siège.

Les charges de lieutenans de police furent créées dans les sièges à l'instar de celle de Paris; quelques sièges achetèrent ces charges et les réunirent à leurs corps, pour faire la police *ad turnum*. Plusieurs lieutenans généraux, tels qu'à Chinon, levèrent ces offices pour en confondre les fonctions avec les leurs. Ces magistrats rendirent souvent de grands services : le fameux M. de Sartines l'a prouvé plus d'une fois dans cette place, à Paris.

Les grands baillis ayant perdu insensiblement le droit de se choisir eux-mêmes leurs conseillers, les rois les nommèrent. Louis XIV ajouta à leur nombre, en créant, par son édit de 1691, dans chaque bailliage royal, deux conseillersvérificateurs rapporteurs de pièces justificatives en profit de défaut.

Les charges de procureur du roi dans les justices royales étaient de toute ancienneté. Philippe V les supprima; mais elles furent rétablies après sa mort.

La création des charges d'avocat du roi dans les mêmes sièges est bien postérieure à celle de procureur du roi; les honneurs et les prérogatives de ces officiers du ministère public, l'un par rapport à l'autre, furent définitivement réglés par arrêt du 7 septembre 1712, à l'occasion des prétentions respectives de ces deux magistrats, au Château-du-Loir.

Le siège de la prévôté, dans les villes royales, était une justice qui connaissait en première instance, ainsi que les juges royaux, de toutes les affaires civiles et criminelles entre ses justiciables, et par appel des sentences rendues dans les justices de son ressort. Ces juridictions, qui étaient un dégré de plus pour les plaideurs, étant devenues peu contentieuses, furent supprimées en 1749 et réunies aux bailliages, dans lesquels entrèrent comme conseillers honoraires les prévôts et leurs lieutenans, qui furent remboursés de leurs charges par ces bailliages. Ces prévôts étaient autrefois inférieurs aux baillis, qui pouvaient les destituer à volonté : l'édit de 1190 leur défendit de le faire, à moins que ce ne fut pour crime de rapt, d'homicide, de vol. Cette place était élective ; elle fut créée en titre d'office, sous François I.er, ainsi que toutes les places de judicature.

Le bailliage de Chinon, dont le ressort s'étendait sur cent paroisses, a toujours ressorti nuement au parlement de Paris, et relevé du présidial de Tours, aux cas de l'édit de mars 1551 ; il fut distrait de cette première cour, par édit de 1771, pour relever du conseil supérieur de Blois ; il fut remis dans son premier état en 1774 ; il eut pour dernier lieutenant-général d'épée M. de Voyer d'Argenson. Il y avait à la suite de cette cour un greffier, quatre notaires royaux, douze procureurs, un huissier audiencier et un nombre indéterminé d'huissiers, par rapport à ceux qui, l'étant au châtelet de Paris et à la connétablie, avaient le droit d'exploiter par tout le royaume.

Les élections, après avoir subi les effets de tous les édits de créations, de suppressions, de nouvelles créations, par le roi Jean, par Charles VII, par François Ier, comme commissions originairement émanées des élus généraux des aides, et comme titres d'offices, furent définitivement érigées en élections en chef par édit de 1685. Cette juridiction releva, pour Chinon, de la cour des aides de Paris, dans les cas d'appel. Il est étonnant que ces corps, qui eurent des premiers présidens par l'édit de 1578, et des seconds présidens par édit de

1587, et qui furent ensuite réunis dans une même charge, aient passé pour devoir être composés de *gens ignares et non lettrés*. Leur composition a fait voir quelquefois le contraire. Ce tribunal était composé, à Chinon, d'un président, d'un lieutenant, de deux élus, d'un procureur du roi, d'un greffier; il avait deux huissiers attachés à son service.

Le sel étant devenu un des principaux objets des revenus royaux, le Gouvernement chercha les moyens les plus convenables pour empêcher les contraventions, après bien des édits de création, de suppression, de nouvelle création de charges. La dernière organisation des tribunaux qui durent les juger est de

1629. Cette juridiction, qui fut toujours composée comme celle des élections, releva, pour Chinon, de la cour souveraine de Saumur, dans les cas d'appel. L'édit de 1685 unit les greniers à sel aux élections; l'édit d'octobre 1694 les désunit. Ce tribunal était composé, à Chinon, d'un président, d'un grenetier, d'un contrôleur, d'un procureur du roi, d'un greffier; il avait deux huissiers à sa suite.

Les fermiers généraux ayant prétendu que quelques habitans de Châtellerault faisaient des versemens clandestins de sel dans les villes de la Touraine, obtinrent une commission adressée au sieur de Bragelone, conseiller à la cour des aides de Paris, pour la réformation des gabelles dans cette province. Ce commissaire fit à Chinon, le 21 janvier 1635, un réglement qui, dans la suite, malgré les modifications qu'on lui donna, souleva la populace de Châtellerault, au point qu'une commission nommée par le roi condamna plusieurs habitans de cette ville à différens supplices, d'autres à de grosses amendes envers le roi et en aumônes envers les pauvres. Ce jugement fut exécuté en effigie; et sur ce qu'il fut représenté à Sa Majesté que les coupables avaient été forcés par cette populace de sortir des bornes de leur devoir, et que la volonté n'avait eu aucune part à tout ce qui s'était passé, il y eut une amnistie générale pour ces révoltés. (*Mémoire manuscrit, par Rophée de Châtellerault.*)

La Touraine, dépendante autrefois du gouvernement général de l'Orléanais, ayant été érigée en 1545 dans un gouvernement général, et mise en généralité en 1551, les deux tribunaux de l'élection et du grenier à sel de Chinon, dont la juridiction s'étendait sur cent paroisses, relevèrent depuis ce tems-là de l'intendance de Tours pour les répartitions de la taille et du sel sur chacune d'elles. Avant le treizième siècle c'étaient des commissaires généraux pris parmi les prélats et les barons, qui allaient dans toutes les provinces pour faire des obserervations dont ils rendaien compte au Roi et à son chancelier, pour le bien des peuples.

Charles VI, en fixant en cour le prévôt des maréchaux de France, créé à Paris par Louis IX, empêcha cet officier d'étendre ses soins sur la discipline des gens de guerre. Louis XI sentant les inconvéniens d'une résidence fixe, lui permit d'avoir sous lui des prévôts provinciaux, avec le droit de se choisir eux-mêmes des lieutenans et des archers pour servir sous leurs ordres dans les villes royales. Ils eurent, en 1539, des lettres qui leur attribuèrent juridiction sur les voleurs, sur les vagabonds, dans les cas appelés depuis *prévotaux ;* et par d'autres lettres de 1544, ils eurent la concurrence et la prévention avec les présidens, baillis, sénéchaux et lieutenans-généraux des bailliages, pour la punition, la correction des gens de guerre, malfaiteurs et autres justiciables de leur ancienne compétence. La lieutenance de maréchaussée de Chinon, qui avait ses attributions par ces différens édits et par autres postérieurs, a été supprimée à la révolution.

Les procès qui tendaient à soutenir la propriété des droits de fief et des prérogatives qui leur étaient attachées, se terminaient autrefois presque toujours par le duel. Louis IX les défendit. Charles V, Louis XI et leurs parlemens foudroyèrent cette coutume par leurs édits et par leurs arrêts. Louis XIV voulant aussi arrêter les désordres et les différens qui survenaient entre les gentilshommes et autres faisant profession d'armes, créa, par l'édit de mars 1693 et octobre 1702, dans chaque bailliage, sénéchaussée, duché-pairie et autres justices ressortissantes nuement aux parlemens, un lieutenant des maréchaux de France, et un archer-garde de la connétablie, et y ajouta (ce dernier office supprimé), par son édit d'octobre 1704, un conseiller-rapporteur du point d'honneur, et un secrétaire-greffier, qui furent maintenus dans leurs attributions et dans leurs prérogatives par la déclaration du roi, du 13 janvier 1771, et qui furent remboursés de ces charges, qui ne furent plus qu'à vie et sur la nomination des maréchaux de France. Comment concilier les édits contre les duels avec l'honneur et la force des préjugés qui les faisaient accepter ? Ceux qui les refusaient, s'ils appartenaient à un corps militaire, étaient de suite chassés de ce corps, au su même des souverains qu'ils servaient, puisque ces souverains nommaient aux places vacantes par ces expulsions; leur vie était un opprobre dans la société civile, qui ne les admettait à aucune alliance par mariage, et qui était toujours prête à leur reprocher leur lâcheté. Les avenues de toutes les autres places leur étaient fermées, excepté dans le clergé, qui, par ses principes, ne pouvait pas s'empêcher de les y recevoir. Ceux qui devaient se battre n'avaient donc pas à balancer entre la loi qui les condamnait à mort s'ils étaient découverts, et entre le préjugé qui les vouait à l'ignominie. Mourir par la loi contre les duels, ou mourir par l'effet de ces duels, c'était toujours ne plus vivre; mais aux yeux de la religion et de la raison, c'était toujours désobéir à la loi de Dieu et à celle des hommes, qui ne permettent de tuer son prochain que dans les combats pour le service de la patrie. Aussi la révolution a-t-elle supprimé ces tribunaux qui n'étaient l'épouvantail que des gens qui ne voulaient pas se battre, plutôt pour conserver leur vie que pour obéir à une loi qui n'était pour eux qu'un prétexte de se soustraire à un préjugé qu'ils n'aimaient pas par une raison tout-à-fait contraire.

Un prince reprochait un jour à un soldat d'être contrevenu à un ordre qu'il avait donné contre les duels. *Comment m'y serais-je soumis ?* lui dit ce soldat, *tu ne punis que de mort ceux qui le violent, et tu punis d'infamie ceux qui y obéissent; apprends que je crains moins la mort que le mépris.*

Sous le règne de Clotaire II, lorsque les preuves manquaient dans une affaire, le duel était permis en justice ; les ecclésiastiques mettaient un homme à leur place pour se battre : les femmes, les malades, les adolescens jusqu'à l'âge de vingt ans, les vieillards au dessus de soixante, étaient exempts de ce moyen, qui était employé dans les affaires même criminelles. La religion a fait long-tems d'inutiles efforts pour abroger cette loi, que les Français adoptèrent en entrant dans les Gaules et qu'ils suivirent malgré les foudres du Vatican. L'accusateur et l'accusé jettaient un gand, le juge le ramassait et s'emparait aussitôt des athelettes; le seigneur justicier choisissait le jour du combat et fournissait les armes, qu'on portait sur les lieux au son des instrumens. Il s'y trouvait un prêtre qui bénissait les armes; on mettait aux prises les deux champions qui, pour s'animer, commençaient par rappeler le sujet de leur plaintes; on faisait ensuite quelques prières, et les malheureux en venaient aux mains. Le vainqueur était celui qui avait raison dans l'affaire qu'on voulait juger. O tems ! ô mœurs! (*Glossaire de Ducange, au mot Duellum.*)

Les bois ont été dans tous les tems d'une si grande importance en France, que, dès la première race de nos rois, les gouverneurs de provinces furent quelquefois nommés grands forestiers. Sous la seconde race, l'entrée des forêts fut défendue, afin qu'on n'y commît pas de dommages. Sous la troisième race, depuis Louis VI, dit le gros, jusqu'au règne de Louis XIV, il parut quarante-quatre ordonnances spéciales sur les eaux et forêts, qui, en 1669, furent mises dans une seule, qui embrassa toutes les matières, et résuma ce qui était dispersé dans les précédentes. Depuis ce tems-là on y ajouta divers édits, déclarations, arrêts de réglemens, pour décider plusieurs cas qui n'avaient pas été prévus dans cette collection.

Il y avait dans chaque maîtrise un lieutenant particulier, un procureur du roi, un garde-marteau avec droit de siéger en épée et en uniforme. Chaque tribunal avait un huissier audiencier, des sergens gardes-bois, des sergens gardes-pêche, des arpenteurs, des receveurs et des collecteurs d'amendes : les grands maîtres avaient inspection et juridiction sur les maîtrises particulières de leur ressort. Celui de Chinon, qui relevait de la grande maîtrise de la Touraine, de l'Anjou et du Maine, a été supprimé, comme toutes les maîtrises de la France, par les décrets de l'Assemblée constituante.

Les greffes de tous les tribunaux dont il vient d'être parlé, furent d'abord exercés par des commissions; ils furent mis en régie, et quelquefois ils furent affermés; ils ne devinrent des titres d'offices que lorsque François I.er rendit vénales toutes les charges de ces juridictions.

La mairie de Chinon, après avoir été presque toujours élective par les habitans, comme toutes les autres mairies de la France, c'est-à-dire depuis que Louis VI affranchit la plus grande partie de ses sujets, qu'il permit aux villes d'avoir des maires, des échevins et un sceau particulier, cette place passa, sous Louis XIV, par toutes les créations en titres d'office, par toutes les suppressions, jusqu'à l'édit de 1771, qui rendit vénales toutes les places de municipalités, aujourd'hui à la nomination de l'Empereur, dans les chefs-lieux d'arrondissement, et à celle des préfets, dans les autres communes.

La baronie de Chinon, appartenant, avant la révolution, à MM. les archevêques de Tours, avait ses officiers de justice, ses notaires, ses procureurs et ses huissiers.

MM. de Richelieu ayant été les seigneurs échangistes de Chinon, feu M. le maréchal de ce nom fit, il y a quelques années, une demande à cette ville de plusieurs droits utiles qui lui furent d'abord refusés; le grand crédit et le mécontentement de ce seigneur firent d'autant plus craindre aux Chinonais que la juridiction de leur bailliage devînt une justice seigneuriale, ●qu'il avait fait mettre une litre de ses armes sur l'extérieur des murs de Saint-Maurice : une députation envoyée vers lui, à Paris, transigea sur ses prétentions. Le domaine de Chinon rentra quelque tems après dans son état d'*immédiateté* des souverains auxquels il avait précédemment appartenu, comme domaine de la couronne, inaliénable de sa nature, et qui ne pouvait être engagé ni échangé qu'avec la faculté perpétuelle, expresse ou tacite de rachat et de reversion à cette couronne, toutes fois et comme bon semblait au Gouvernement.

On sera sans doute étonné de ce qu'il n'a pas été parlé jusqu'ici du caractère des habitans de Chinon. L'adage qui dit qu'il n'est quelquefois pis que les siens, est bien vrai par rapport à François Rabelais, qui assure que le diable, en montrant au fils de Dieu tous les royaumes de ce monde, se réserva, comme son domaine, *Châtellerault*, *Chinon*, *Domfront*, et sur-tout *Loudun*. Si ce Chinonais, appelé avec raison le polichinel de la littérature, vivait encore, il rendrait plus de justice au bon esprit et aux bonnes mœurs de ses concitoyens qui, il est vrai, ne lui ont pas élevé une statue, mais qui se sont ressouvenus de lui dans la nouvelle dénomination des rues, en en mettant une sous son nom. Cet écrivain né en 1483, à la Devinière, commune de Seuilly, à deux lieues de Chinon, et qui habita cette ville, ancienne rue de la Lamproie, aujourd'hui rue Rabelais, dans une maison appartenante actuellement à madame Goujon veuve Torterue de Sazilly, fut très-célèbre, et un des plus savans de son tems; il possédait la philosophie, la poésie, la médecine, la jurisprudence, l'astronomie, la théologie, les langues anciennes et modernes. On a de lui le Pentagruel, satyre dans laquelle les moines sont couverts de ridicule; ses lettres sont fort estimées. Il mourut à Paris en 1553, à l'âge de soixante-dix ans, et fut enterré dans l'église de Saint-Paul, au lieu de l'être dans celle de Meudon, dont il fut curé après avoir abdiqué l'ordre des Cordeliers et celui des Bénédictins. Si ce curé médecin fût mort à son poste, il ne s'y serait peut-être pas trouvé cet ami à qui il répondit, lorsqu'il lui annonça le prêtre qui lui apportait Dieu dans le sacrement eucharistique, qu'il le reconnaissait bien à sa monture.

Louis Odespung de la Méchinière, natif de Chinon, fut agent

général du clergé de France ; il en recueillit les mémoires, dont il donna deux volumes in-folio en 1646 ; et dans la même année il fit paraître une collection des Conciles de Trente, in-folio, qui sert de suite aux trois volumes du père Sirmond, jésuite.

Pierre de Courcelles, natif de Candes, vivait à Paris en 1561. Il possédait parfaitement les langues orientales, le grec et le latin. Il cultiva la poésie et composa la Galomachie ou combat des quatre gouverneurs du monde, en vers français ; le Cantique des cantiques de Salomon, en vers : Paris 1660 ; les Lamentations de Jérémie, en vers, et une rhétorique française : Paris 1557.

Une société de gens de lettres, dans son dictionnaire des hommes à talens, dit que Michel Neuré est né à Chinon ; cette société se trompe : Urbain Chevreau, savant Loudunais, qui vivait au commencement du dix-septième siècle et qui était son contemporain, assure que Neuré était originaire de Loudun qu'il a toujours renié pour être le lieu de sa naissance, parce qu'il était fils d'un gargotier dans un des faubourgs de cette ville. Cet imposteur, en renonçant au nom que portait son père, ignorait sans doute que les noms propres n'ayant commencé à être communs aux familles que dans le douzième siècle, ceux que nos ancêtres choisirent parmi les plus respectables d'entre eux, et qu'ils adoptèrent de concert lors de cette espèce de création, ne furent donnés, au loin et auprès qu'aux individus qu'ils reconnurent pour leurs parens. La vanité a fait prendre depuis ce tems là, des noms de terres aux familles riches, à celles qui le sont devenues successivement, et même à celles qui ne le sont pas, pour n'être plus confondues avec d'anciens parens obligés par leur obscurité, de conserver leurs vrais noms, qui par cela même sont devenus communs aux plébéiens et aux patriciens français : voilà l'origine des noms de famille et des surnoms en France.

On a remarqué à ce sujet qu'une

famille de paysans riches, devenue noble par usurpation, avait un salon dans lequel on voyait, avant la révolution, des portraits achetés de rencontre, qui y existent peut-être encore aujourd'hui, et qu'elle avait fait numéroter de surnoms territoriaux de deux ou trois de ses ancêtres, dans l'ordre des dix premiers chiffres de l'arithmétique, sans doute pour faire oublier leur premier nom. Quelqu'un à qui le maître de la maison faisait voir ces prétendus monumens de famille, lui dit : Monsieur, vous vous êtes trompé de huit à chaque numéro que vous avez donné à ces portraits, puisque vous auriez dû commencer par le numéro *neuf* pour en transmettre la vraie série.

Le faux numérateur qui comprit ce sarcasme fit une pirouette sur le talon et ne parla plus de rien.

Claude Quillet, célèbre poète latin, né à Chinon en 1602, mourut à Paris à l'âge de 59 ans. Il pratiqua la médecine avec une grande réputation, et fut abbé de Haut-Villers. Bayle rapporte qu'ayant eu la curiosité de voir les possédés de Loudun, le Diable le menaça par la bouche d'une religieuse, en disant que s'il se trouvait le lendemain dans l'assemblée quelqu'un qui doutât de son pouvoir, il l'enlèverait jusqu'aux voûtes de l'église. Quillet ne manqua pas de s'y rendre, défia publiquement le Diable de tenir sa parole, protestant qu'il n'appréhendait point ses menaces.

Celui-ci qui ne s'attendait pas à être pris au mot, fut bien déconcerté ; mais Laubardemont, intendant de Tours, qui y assistait de la part du Roi, décréta contre Quillet, qui en ayant été secrètement averti, sortit aussitôt de l'assemblée et s'en alla à Rome, où le duc d'Estrées, ambassadeur extraordinaire, le prit pour son secrétaire. Ce fut dans cette ville qu'il commença sa Calipédie, poëme latin en quatre chants, imprimé à Leyde en 1655, sous le titre de *Calvidii lœti Callipœdia*, sive *De pulchræ prolis habendæ ratione*, in-quarto. L'auteur le publia sous un nom étranger, parce qu'il y avait lancé plusieurs vers satyriques contre le cardinal Mazarin : ce ministre le découvrit et ne s'en vengea qu'en lui donnant une abbaye. *Apprenez*, lui dit-il, *à ménager davantage vos amis*. L'abbé Quillet, pénétré de reconnaissance, donna une nouvelle édition de son poëme à Paris, en 1656, in-octavo, la dédia au cardinal et substitua l'éloge à la satyre. Ce poëme est extrêmement intéressant par la juste distribution des parties, par l'ingénieux emploi de la fable, par la variété des épisodes ; mais sa versification ne se soutient pas, la diction n'est pas toujours correcte, et la bonne latinité y est blessée en quelques endroits. Monthenault-d'Egli a fait, en 1746, une traduction française de ce poëme, in-douze ; et en 1774, une en vers français avec le texte latin, in-octavo. Quillet a composé encore un poëme intitulé *Henriciados*, en l'honneur d'Henri IV, et plusieurs autres ouvrages, qui n'ont pas été imprimés par l'infidélité de l'abbé Ménage, son prétendu ami, qui garda pour lui ces ouvrages, et quinze cents livres qu'il lui avait laissées pour les faire imprimer.

Jean-Baptiste de la Barre, né à Chinon en 1608, a passé pour un des meilleurs prédicateurs de son tems, et se livra à cet emploi pendant plus de trente ans. Il est mort directeur de la maison professe à Paris. Il a donné un livre de la présence réelle de J. C. *Édition de Nîmes*, 1650.

René Ouvrad, né à Chinon

en 1623, est mort à Rome en 1694. Il fut d'abord maître de musique dans les cathédrales de Bordeaux, de Narbonne et à la Sainte-Chapelle de Paris ; ensuite il devint chanoine de S. Gâtien de Tours. Il était habile dans les belles-lettres, les mathématiques, la théologie et la philosophie. On a de lui un ouvrage rempli d'érudition, intitulé De la défense de l'ancienne tradition de l'église de France, sur la mission des premiers prédicateurs chrétiens dans les Gaules : Paris, 1678. Secret pour composer en musique par un art nouveau : Paris, 1660. L'art et la science des nombres ou l'arithmétique pratique et spéculative, en vers latins : Paris, 1677. Histoire de la musique jusqu'au tems présent. *Biblta sacra, 529 carmonibus mnemonicis compréhensa* : 1668. Le même ouvrage en français. Il avait également traduit en vers, qui n'ont pas été imprimés, les définitions et les axiomes de la géométrie. Il a composé et corrigé plusieurs hymnes du bréviaire ; c'est ce qui lui donna le sujet des deux vers ci-après qu'il fit pour être mis sur sa tombe :

Dum vixi, divina mihi laus unica cura,
Post obitum, sit laus divina mihi unica merces!

Mon soin fut ici bas de louer le Seigneur ;
Que ce soin, dans le Ciel, fasse tout mon bonheur !

Il avait un frère minime, nommé Guillaume Ouvrard. On voit par une ode latine insérée au commencement de son livre de l'art de la science des nombres, que celui-ci cultivait avec succès les muses latines.

L'auteur de ces Essais, va se servir de la notice sur M. le Royer de la Sauvagère, que lui a fourni, pour l'obliger, feu M. de Houdan-Deslandes, ancien capitaine du régiment de Bretagne infanterie, retiré avec le grade de chef de brigade, pensionné de l'État, membre de l'ancien musée de Paris, auteur de l'Histoire du dernier siège de Gibraltar, propriétaire de la terre d'Usage près Chinon.

Quoique M. de la Sauvagère n'appartienne par sa naissance, ni à Chinon ni à ses environs, cependant ce respectable citoyen, naturalisé dans le pays par une longue résidence et par la grande considération dont il y a joui sous tous les rapports sociaux, n'en mérite pas moins qu'on répande ici des fleurs sur sa tombe, et qu'on lui paie le juste tribut que réclament, à tant de titres, ses travaux, ses talens et ses succès. Habitant et propriétaire de la terre des Places, près Chinon, à laquelle il a donné quelque célébrité *par sa Dissertation sur la végétation spontanée des coquilles* qu'il avait trouvées dans une petite pièce d'eau dépendante de cette terre, quel auteur chinonais a droit plus que lui aux hommages des habitans de ce pays! Voici ce que M. Deslandes dit de cet auteur :

Felix-François le Royer de la Sauvagère naquit à Strasbourg le 5 septembre 1707 ; après avoir fait d'excellentes études il servit au régiment de Champagne, y devint capitaine, et par un goût décidé pour les sciences exactes il entra dans le corps militaire du génie, où il parvint au grade de colonel-directeur. Né avec beaucoup de sagacité, avec un grand amour pour l'étude, et avec une prodigieuse passion pour tout ce qui a rapport à l'antiquité, M. de la Sauvagère consacra presque toute sa vie à ce genre d'érudition, y fit des découvertes intéressantes, qui furent honorées des suffrages de Voltaire, de Caylus, de Gebelin, du cardinal de Palla Vicini, de Solignac, et dont l'estime de plusieurs hommes célèbres, et les titres d'académicien d'Angers, de la Rochelle, de Stockolm, de Munich, de Hesse-Hombourg et de Hesse-Cassel furent la récompense.

Les antiquités égyptiennes, romaines et gauloises lui doivent plusieurs dissertations qui, incontestablement, furent le fruit d'un travail opiniâtre, d'une heureuse sagacité, de connaissances très-variées et très-étendues. On pourrait peut-être désirer un style plus châtié, et en général plus de soin dans la composition; mais ces défauts tiennent, pour ainsi dire, à la forme, et ne nuisent pas au fonds des matières qu'il a traitées; et c'était là réellement le côté distingué de M. de la Sauvagère.

De tous les ouvrages que cet auteur a fait imprimer, celui qui, selon M. Deslandes, lui fait le plus d'honneur, et dont le sujet offre le plus d'intérêt, est sa description des deux caisses de momies qui sont placées au château d'Ussé, à deux lieues de Chinon. Il était là vraiment sur son terrein, et c'est dans cet écrit qu'il développe plus de connaissances littéraires, qu'il discute, juge et conclut avec le plus d'esprit, et que sur-tout il exprime le mieux ce noble enthousiasme sans lequel il n'y a ni travail, ni efforts, ni succès; il prouve très-clairement que ces deux étuis de momies étant l'un de marbre et l'autre de pierre de touche, ont réellement renfermé les dépouilles mortelles de deux pharaons ou d'un pharaon et d'une reine. C'était aussi l'opinion du père Kircher et du comte de Caylus, ces matières précieuses étant exclusivement réservées aux souverains, et la pierre tendre et le sycomore étant destinés au reste de la nation. On assure que, dans son enthousiasme, il estimait autant ces deux monumens que la terre d'Ussé. Sans adopter cette exagération, qui prouve et son désintéressement et sa passion pour les arts, on doit convenir que ces étuis de momies, qui des bords du Nil sont venus aux rives de l'Indre, et qui depuis plus d'un siècle y échappent à la dévastation, sont par leur noble et antique destination, et sur-tout par les hiéroglyphes, qui sont très-bien conservés sur celle de pierre de touche, ce qu'il y a peut-être de plus précieux en ce genre dans l'univers. Rome, où il n'y a aucun ouvrage de marbre égyptien réellement ancien, si ce n'est une seule tête qui se trouve enfoncée dans un mur du Capitole (*Histoire de l'Art chez les anciens, par Winkelmann, tome premier, page* 127); Naples, Florence, Paris, Londres, n'ont probablement rien qui puisse leur être comparé pour l'antiquité, pour la conservation et pour les inscriptions hiéroglyphiques. M. de la Sauvagère en fit un dessin exact qu'il adressa à M. de Gebelin. Cet auteur du Monde primitif en donna une explication très-satisfaisante. Il faut cependant avouer, dit M. Deslandes, qu'elle n'est fondée que sur des analogies très-spécieuses, et que le sens de ces hiéroglyphes restera inconnu jusqu'à ce qu'on ait réellement découvert l'écriture symbolique des Égyptiens.

Ingénieur, érudit et antiquaire, M. de la Sauvagère était encore un bon physicien. L'histoire naturelle exerça l'activité de son esprit; il prétendit avoir observé et découvert la végétation spontanée des coquilles (*voyez l'article coquilles dans le dictionnaire philosophique*), et publia sur ce phénomène une opinion qui fut favorablement accueillie par M. de Voltaire, qui, non content de tenir le sceptre des lettres, voulait alors usurper encore celui des sciences. Il ne m'appartient pas, continue M. Deslandes, de prononcer sur ce phénomène qui ne paraît pas encore avoir obtenu l'assentiment des géologues; mais quel que soit un jour le sort de cette opinion, on voit que M. de la Sauvagère y était fort attaché, et l'on ne peut nier qu'il ne l'ait très-bien exposée, et qu'il ne l'ait appuyée de l'autorité d'un grand nombre de savans distingués, tels que les Aldovrandus, Bonnani, Lister, Olimpiodorus, Jean Gorapius, Becanus, Aristote, Strabon, Plutarque, Tertulien, Ray, Scheuzer, Holley, Woodward.

On peut conclure de tous les ouvrages de M. de la Sauvagère, et de l'étendue de ses connaissances, qu'il eut été très-digne de remplir une place à l'académie des inscriptions et belles-lettres de Paris. Cet auteur est mort le 26 mars 1781, aux Places, commune de Savigny en Véron, à deux lieues de Chinon, emportant les regrets de tous ceux qui le connaissaient; il fut bon mari, bon père, bon ami et bon citoyen. Ses services militaires lui valurent des lettres de noblesse.

Voici son épitaphe faite par Marc-Pierre le Royer de la Sauvagère, son fils, prêtre, ancien bachelier de Sorbonne, ci-devant chanoine d'Amboise, mort à Huismes, à deux lieues de Chinon, le 15 novembre 1806, qui avait destiné cette épitaphe à être mise sur le tombeau de M. son père, et qui ne l'a point été, sans qu'on en sache les raisons.

HIC-JACET
Félix-Franciscus Le Royer de la Sauvagère, ordinis regii ac militaris Sancti Ludovici eques, ingenii militaris præfectus, ex academia Rupellensi et aliis,
fide in uxorem,
pietate in filios,
veneratione in sacra,
erga omnes sua amenitate
commendabilis,
quas virtus,
mentis capacitas,
candor animi,
ingenii sagacitas,
morum puritas,
ornavere;
qui vitam,

PER QUADRAGINTA ANNOS
PATRIÆ CONSECRATAM,
CUM MUSIS DEGIT
OBIIT ANNO DOMINI MDCCLXXXI
DIE VIGESIMA SEXTA MENSIS MARTIS,
ÆTATIS SUÆ VERO LXXIV.
REQUIESCAT IN PACE!

Voici la traduction française de cette épitaphe :

CI-GIT

FÉLIX-FRANÇOIS LE ROYER DE LA SAUVAGÈRE, CHEVALIER DE L'ORDRE ROYAL ET MILITAIRE DE SAINT-LOUIS, ANCIEN COLONEL DU GÉNIE MILITAIRE, ASSOCIÉ A L'ACADÉMIE DE LA ROCHELLE ET AUTRES ACADÉMIES.
RECOMMANDABLE PAR SON AMOUR CONJUGAL,
SA TENDRESSE PATERNELLE,
SON RESPECT POUR LA RELIGION,
SON AFFABILITÉ ENVERS TOUT LE MONDE.
CES VERTUS FURENT ORNÉES
PAR
L'ÉTENDUE DE SON ESPRIT,
LA CANDEUR DE SON AME,
LA PÉNÉTRATION DE SON GÉNIE,

LA PURETÉ DE SES MOEURS.
IL CONSACRA SA VIE A L'ÉTUDE DES BELLES-
LETTRES.
APRÈS EN AVOIR PASSÉ QUARANTE ANS
AU SERVICE DE SA PATRIE,
IL MOURUT A L'AGE DE SOIXANTE - QUA-
TORZE ANS,
LE VINGT-SIX MARS MIL SEPT CENT QUATRE-
VINGT-UN.
Qu'il repose en paix !

Les ouvrages de M. de la Sauvagère sont un recueil de dissertations sur quelques monumens des anciens Romains, nouvellement découverts en Touraine et en Anjou, sur l'ancien lit de la Loire, de Tours à Angers, sur celui de la Vienne, sur le prétendu tombeau de *Turnus* à Tours, sur l'assiète de *Cæsarodunum*, première capitale des *Turones*, sous Jules César, sur les ponts de Cé, sur le camp d'Angers, attribués à cet empereur, sur celui de Chenehutte à trois lieues de Saumur, sur une pétrification mêlée de coquilles, dans une petite pièce d'eau qui lui appartenait;

Recherches sur les ruines romaines de Saintes et des environs, avec les particularités les plus remarquables sur l'histoire de cette ville;

Recherches sur la pile Saint-Mars, située près de Luynes, sur les bords de la Loire;

Recherches sur la nature et l'étendue du briquetage de Marsal, avec un abrégé de l'histoire de cette ville, et de quelques antiquités qui se trouvent à Tarquinpole;

Recherches sur les antiquités

de Vannes, à la côte sud de la Bretagne, ou description historique des pierres extraordinaires, et de quelques camps des anciens Romains, qu'on remarque dans le pays des anciens Venètes, jusqu'à Belle-Isle;

Recherches sur quelques antiquités des environs de Tours;

Recherches sur l'ancienne Bablia des Romains, forteresse de la Gaule, où l'on prouve qu'elle n'était pas située où est le Port-Louis en Bretagne, avec quelques détails historiques sur cette ville et les environs;

Recherches sur les antiquités égyptiennes, ou description de deux caisses de momies que l'on voyait dernièrement en parade, dans une niche, au château d'Ussé, en Touraine, sur la rive gauche de la Loire, à dix lieues plus bas que Tours, et à deux lieues de Chinon, et qui sont celles dont nous venons de parler;

Recherches historiques sur la province de Touraine, dont il est parlé à la page 101.

Stanislas-Louis de la Noue, comte de Vair, de la même maison que François de la Noue surnommé *Bras-de-Fer*, si connu par ses services militaires, sous Charles IX, Henri III et Henri IV, naquit au château de Nazelles près Chinon, en 1729. Étant entré au service dès l'âge de douze ans, il s'y signala tellement qu'il obtint de bonne heure le commandement d'un corps de seize cents volontaires, à la tête desquels il fit des prodiges de valeur. Il fut tué en 1760, à l'affaire de Saxen-Haussen, à l'âge de 31 ans. Louis XV dit, en apprenant sa mort : *je viens de perdre un homme qui serait devenu le Laudon de la France.* Stanislas, quoique né dans le tumulte des armes, fit un ouvrage intitulé *Nouvelles Constitutions militaires*, avec une tactique adaptée à leurs principes, qu'il eut sans doute fait valoir s'il eût vécu plus long-tems. Le vicomte de Toustain, major de cavalerie, a écrit la vie de ce jeune héros, qu'il dédia aux enfans de Monsieur le duc d'Orléans, le dernier mort.

François-Silvain-Denis de Houdan des Landes, naquit à Vernou près Tours, le 6 juin 1754; il fut élevé à l'école militaire, d'où il sortit à l'âge compétent pour entrer dans le régiment de Bretagne infanterie, où il servit avec beaucoup de distinction. Il est mort à sa terre d'Usage près Chinon, le 28 juin 1807, emportant les regrets de tous ceux qui le connaissaient. Il était sur le point de mettre au jour un poème intitulé *La nature sauvage et pittoresque*, qui depuis a été rendu public avec beaucoup de succès. On peut avec vérité et avec justice appliquer à cet auteur l'épitaphe de M. le Royer de la Sauvagère, excepté ce qui y regarde les dates de l'âge, de la mort, et les services militaires de celui dont il est ici question, et finir son éloge par les vers qui sont sous le nom *Dumoustier* dans l'Histoire Littéraire de M. De Voltaire, par M. le marquis De Luchet, tome 1.er, pages 2 et 3, édition de Cassel, de 1781, et que feu M. Deslandes lut avec sensibilité quelques jours avant sa mort, dans le cabinet de l'auteur de ces Essais, sans prévoir alors qu'ils lui seraient bientôt appliqués. Voici ces vers, dans lesquels les mots *ses vertus* sont mis à la place de *ses beaux jours* :

Muses ! que pensiez-vous quand la mort l'a surpris ?
Étiez-vous, dites-moi, en quelque profond somme ?
Parmi vous et les Dieux il était en grand prix.
Il a vécu comme eux, il est mort comme un homme ;
Mais lequel doit-on plus admirer ou pleurer !
Admirer ses vertus ou bien pleurer sa perte ?

Quant à moi je ne puis me lasser d'admirer
Non plus que de pleurer la mort qu'il a
 souafferte.
Non, ce n'est pas assez de répandre des pleurs,
Ne restons après lui, sa mort nous fait envie,
Et suivons au tombeau, accablés de douleurs,
Celui dont on ne peut approcher de la vie.

Depuis la première édition de ces Essais, il a été vérifié que ces vers ont été faits par Daniel Féron, qui en orna le tombeau de Gaucher de Sainte-Marthe, mort à Loudun en 1623, quoique la lettre qui les accompagne dans l'Histoire littéraire de M. de Voltaire par M. le marquis de Luchet et dans d'autres ouvrages, soit d'un signataire qui a voulu singer ce prince des poètes à la fin des jours de celui-ci.

Ces derniers écrivains n'ayant pas, à Chinon, des rues qui leur soient consacrées, la mairie, pour y remédier, pourrait faire effacer les noms aujourd'hui insignifians de quelques-unes, pour y substituer les noms de ces auteurs, à moins qu'elle ne dise *De minimis non curat prætor*, au milieu des intérêts dont elle est chargée sous sa responsabilité vis-à-vis le public, qui en voit l'administration avec la confiance qu'elle n'y souffrira aucun abus. L'auteur de ces Essais qui n'ambitionne pas les places, mais qui cherche à être utile par ses écrits, a tellement cette confiance, qu'il passe sans hésiter aux observations suivantes, persuadé qu'elle y aura enfin égard.

Un domicilié de Chinon, après avoir long-tems gémi sur les derniers malheurs de sa patrie, reprit, il y a environ six ans, sa plume paralysée par la révolution, pour faire ouvrir les yeux sur la position de Chinon par rapport à la mendicité qui couvre cette ville de sa lèpre affreuse. Après avoir sondé jusqu'au vif la plaie profonde que ce fléau, qui dévore la subsistance du vrai pauvre, fait dans ses murs, il proposa de nouveau au conseil municipal, pour y remédier, des moyens dont seraient résulté un plus grand nombre de bons ménages, plus de soins des pères et mères pour élever leurs enfans, de meilleurs exemples pour ceux-ci, une plus grande harmonie entre les familles, entre les voisins, cette paix et cette union qui auraient fait de toute la ville une seule famille. Ces moyens étaient bien différens de ceux qu'on donna quelques années auparavant, et dans lesquels le cœur et l'esprit n'étaient pas d'accord. Au lieu de conquérir la confiance publique, on fit la faute d'annoncer que de l'acceptation ou du refus, et même de la quotité de chaque contribution dépendrait l'opinion qu'on prendrait du patriotisme des souscripteurs, menace alors très-dangereuse, comme si l'on avait pu connaître et tarifer au marc la livre les fortunes particulières, et comme si des bienfaits forcés eussent pu être méritoires aux yeux de l'Éternel ; il eût été infiniment plus convenable, pour ne pas rebuter les volontés, et pour obtenir des succès, d'aller avec la recommandation des mœurs et des vertus dans la chaumière du pauvre, pour causer familièrement avec lui sur les moyens de son existence journalière, pour connaître ses infirmités, compter ses enfans, calculer ses besoins, porter dans son sein les grandes consolations de la religion ; pour enfin s'identifier avec lui en partageant sa tristesse et sa douleur. Voilà ce qui d'abord devait être fait, et qui malheureusement ne le fut pas. Avant de passer ici aux moyens proposés pour réparer cette grande faute, on y rappellera le bel exemple que la ville de Saumur donna, environ ce tems-là, aux Chinonais, pour arrêter la mendicité dans ses murs, en mettant à l'aise la modestie des citoyens qui voulurent bien venir à son secours. Il y fut permis d'être bienfaisant sans l'orgueil des inscriptions. Il y avait à peine deux mois que les travaux de charité étaient établis dans cette ville, qu'un particulier vertueux apporta au bureau quatre-vingt-dix louis en or, en exigeant impérieusement l'anonyme. Toutes les meilleures précautions semblaient avoir été prises pour la stabilité de cet établissement ; le peuple s'était réuni en assemblées primaires, dans lesquelles il avait nommé des administrateurs qui avaient choisi eux-mêmes des dames charitables pour visiter les réduits de la pauvreté, et pour distribuer à chaque malheureux les métiers et les matières du travail. Malgré ces sages précautions, cette ville vit bientôt s'évanouir ses projets de bienfaisance par les pertes considérables qu'elle fit sur tous les objets de son entreprise. En vain une compagnie d'actionnaires se serait formée pour se mettre à la tête des atteliers, les mises dehors pour leur donner un premier mouvement eussent été trop considérables; il en aurait été ainsi d'un corps d'administrateurs qui, étant sujets à des remplacemens, auraient été exposés à voir rompre ou lâcher entre leurs mains les fils qui doivent toujours rassembler et coordonner toutes les parties intégrantes d'un établissement fondé sur des calculs mathématiques. Ce problème paraissait insoluble sous ces deux rapports, lorsque ce Chinonais, qui voyait déjà combien était grand le nombre des pauvres dans cette ville, demanda au conseil municipal cent pistoles pour payer deux maîtresses dentellières, qui y seraient venues de Loudun pour enseigner la fabrication de plus de trente espèces de dentelles, depuis trois sous jusqu'à dix francs l'aune ; il s'engagea en même-tems à faire à ses frais l'achat des premiers fils pour les élèves, et de soutenir cet établissement d'une autre manière pendant sa vie ; il en sortit une délibération qui n'eut pas de suite. L'auteur de ce projet s'était fait fort d'introduire cette fabrication à l'instar de celle de Loudun, où il se fait par an un commerce au moins de cinq cent mille livres, et où les femmes et même les enfans des deux sexes et du premier âge gagnent depuis quatre sous jusqu'à 10 à 12 sous par jour ; aussi on ne voit presque pas de mandians dans cette ville. Quoique ce Chinonais ait retiré des bureaux de la sous-préfecture les offres qu'il y avait faites de ses soins et de son argent pour aider à cet établissement, cependant le jour où il verrait exécuter son projet serait un des plus beaux jours de sa vie : il y avait parlé au nom de l'humanité, de la bienfaisance, de l'intérêt général, de l'ordre et des mœurs ; ses devoirs de bon citoyen furent dès-lors remplis, malgré le peu de succès de ses propositions avantageuses.

De tous les objets qui devaient occuper les momens précieux du conseil municipal de cette ville, il n'y en avait pas un qui fût plus digne de son attention que celui d'un second projet qui lui fut présenté au mois de pluviôse an 12, pour une route de communication entre les villes de Chinon et de Loudun. Les mémoires qui avaient paru autrefois sur la confection de cette route, qui n'aurait été que de quatre lieues, et sur celle de Saumur, qui n'aurait été que de sept lieues par les hauteurs de Cinais, de Thizay, de Saint-Germain, de Candes, de Montsoreau, de Turcant, de Parnay, de Sonzay, de Dampierre, n'avaient pas eu le succès qu'on en attendait, ou parce que ces villes n'y avaient pas assez lié leurs avantages, ou parce qu'on n'en avait pas assez sollicité l'exécution qu'ils méritaient. Suivant ce projet, cette première route, dirigée en grande partie sur des galuches fort pierreuses, aurait été faite aux dépens des contribuables du département d'Indre et Loire et de celui de la Vienne, dans la proportion des terrains, et au marc la livre des impôts, et n'aurait coûté que cent soixante mille francs, ce qui aurait été un bien léger sacrifice pour avoir une communication aussi essentielle. La guerre n'aurait pas été un obstacle à cette entreprise : la fameuse voie Appienne fut faite dans le tems que Rome était en guerre avec presque tous ses voisins. Les préfets de ces deux départemens, d'accord ensemble, auraient ordonné que des ingénieurs des ponts et chaussées se fussent trouvés à jours fixes dans ces deux villes, pour se concerter avec leurs municipalités et les municipalités intermédiaires, sur les moyens de faire cette route; ces premières reçurent, dans ce tems, chacune une copie de ce projet, qu'elles firent passer à leurs préfectures respectives, sans en avoir entendu parler depuis ce tems-là. Ce serait aux municipalités de ces deux villes à se réveiller aujourd'hui sur des intérêts aussi précieux pour leurs administrés, sans jamais se lasser d'en solliciter l'adoption, son exécution dût-elle avoir le sort des grandes entreprises qui n'ont pas lieu dans les tems où elles sont proposées. Le canal de Languedoc, projeté sous François Ier, sous Henri IV et sous Louis XIII, ne fut commencé et achevé que sous Louis XIV ; celui de Briare, commencé sous Henri IV, ne fut fini que sous Louis XIII ; le canal d'Orléans, entrepris en 1675, ne fut achevé que sous Louis XV.

Il est nécessaire de faire observer ici que la demande de cette grande route devrait être précédée de celle d'un pont en pierre ou en bois entre la grande digue et le faubourg Saint-Jacques, pour remplacer la petite digue qui, étant souvent couverte des eaux qui l'inondent, ne remplit pas les objets qu'on s'était proposé en la faisant, et qui, dans son état actuel, a été cause, il y a quelques années, que des personnes périrent nuitamment dans les eaux profondes qui sont sur ses côtés, pour n'avoir pas bien suivi ses grandes sinuosités. Sans cette précaution, les voyageurs éloignés, qui ne sauraient jamais les momens des inondations, seraient presque toujours obligés de rétrograder vers les lieux de leur départ, et de s'y plaindre hautement de l'incommodité du passage à Chinon pour aller à Tours, tandis que si ces deux ouvrages étaient faits en même-tems, cette première ville deviendrait un passage considérable, comme peut-être le plus court chemin pour ceux des départemens du midi qui voudraient se rendre dans sa capitale et au-delà; elle ne craindrait pas, par le moyen de cette demande, que des communes de son arrondissement, sous le prétexte de ces inondations, demandassent un jour à être réunies à des chefs-lieux d'arrondissement plus faciles à aborder, et que d'autres communes suivissent leur exemple par des raisons semblables; elle pourrait, pour prévenir ces désagrémens, proposer une compagnie d'actionnaires pour faire ce pont, sous les conditions ordinaires, ou le faire construire par d'autres moyens. Les coûts que sa construction occasionnerait ne seraient pas aussi considérables que si l'on était obligé de faire de grands épuisemens d'eau pour les fondemens, qu'on ferait dans les saisons sèches. Tels sont les moyens que sans doute on emploiera si, comme on l'assure, le Gouvernement en a adopté l'exécution. Avant de finir ces Essais, ajoutons les considérations suivantes, non seulement pour la route de Chinon à Loudun, mais encore pour celle de cette première ville à Saumur.

Un statuaire orgueilleux proposa un jour à Alexandre-le-grand de faire du mont Athos une statue représentant sa personne, qui tiendrait une ville dans une de ses mains. Ce roi lui dit : *Eh ! de quoi vivront ses habitans si vous n'y faites pas des communications avec mes autres villes ?* L'artiste étonné de cette juste observation se tut ; cependant cet homme présomptueux aurait pu répondre : *Grand Roi, faites briser les rochers, dessécher les marais, applanir les fondrières, qui aujourd'hui empêchent ces commu-*

nications, et le mont Athos deviendra, par mes mains, une statue de votre personne, qui tiendra dans une des siennes une ville de votre nom.

On ne demande point ici la fondation de nouvelles villes que les statues de l'Empereur Napoléon tiendraient dans leurs mains; on n'y parle que de trois anciennes villes qui ont besoin d'un seul regard de ce Souverain pour obtenir ces communications demandées sous les règnes précédens comme nécessaires à la vivification de leur commerce réciproque, et comme plus commode pour les voyageurs qui voudraient aller dans le midi ou en venir, sur-tout pour le Loudunais qui, quoique fertile en grains de toutes espèces, voit toujours avec douleur ses sueurs répandues presqu'inutilement, faute de grandes routes pour vendre ses denrées plus avantageusement. En examinant cette vérité avec les principes qu'un gouvernement éclairé comme le nôtre suit toujours dans son administration intérieure, nous trouvons que la providence ayant accordé à l'homme la faculté de forcer la nature à produire tout ce qui est nécessaire à son existence, il faut qu'il vive dans une sorte d'aisance qui le mette à même de contribuer à l'ordonnance politique du gouvernement auquel il appartient, par le moyen de l'agriculture, du commerce, de l'industrie, des arts libérauxet des arts méchaniques, sur-tout par celui des deux premiers qui, dans leurs liens indissolubles, ne peuvent être fécondés l'un sans l'autre ; aussi les anciens ont-ils représenté l'agriculture sous l'emblême d'une femme qui plante un arbrisseau qu'elle regarde avec toute la tendresse d'une bonne mère. En effet, sans les productions de la terre, il n'y aurait point de commerce, et sans le commerce, les productions ne seraient que des biens onéreux et non des richesses ; elles seraient comme l'eau qui n'est marchandise que dans les endroits où on la vend. Le commerce rural, le premier de tous, ne consistant que dans le courtage entre les productions et les consommations, il est évident que plus le Gouvernement laissera de difficultés aux rapprochemens de ces objets dans le Loudunais, le Chinonais et le Saumurois, plus seront considérables les frais de leur transport aux chef-lieux de ces trois pays dans les tems des mauvais chemins et des grandes eaux, qui ont lieu plus de la moitié de l'année, tandis qu'en facilitant ces rapprochemens par de grandes routes, la valeur vénale de leurs denrées s'y soutiendrait sans interruption et sans y languir; les richesses s'y multiplieraient davantage, le travail y serait plus excité, une grande population en serait la suite. Il est de vérité immuable que les terres sont toujours mieux cultivées, lorsque le prix des denrées encourage les spéculations du propriétaire et du colon, par des échanges, des contréchanges, par des ventes et des achats faits avec un plus grand concours de commissionnaires, qui y deviendraient les vrais hérauts de la valeur vénale de ces denrées, objets qui, comme le Méandre de la fable se replieraient sans cesse sur eux-mêmes, à l'aide du commerce, par les productions et par leurs consommations. Laisser subsister plus long-tems ces pays dans un tel état de marasme et d'estinction, par rapport à la réciprocité de leurs intérêts commerciaux, tandis que toutes les villes des départemens voisins, avec infiniment moins de population, ont des communications entre elles, serait, par rapport à la généralité des intérêts des départemens auxquels les villes de Loudun, de Chinon et de Saumur appartiennent, ôter un chiffre dans un calcul important, serait ne pas corriger un faux ton dans la musique, et par comparaison, ne pas mettre l'harmonie qui doit exister entre des pays qui tous méritent également la bienfaisance du Gouvernement par leur dévouement à la chose publique. En considérant les pays qui ont des communications et ceux qui n'en ont pas, on verra dans les premiers l'abondance et la population, et dans les derniers l'indigence et la dépopulation. Les Américains sont parvenus à un certain dégré de splendeur, par les moyens que l'agriculture et la facilité des transports leur ont fourni ; c'est par ces mêmes ressources que la Chine est le plus peuplé des empires du monde ; c'est par le défaut de ces mêmes moyens que l'Espagne, le Portugal et l'Italie ne cueillent que le tiers de leur subsistance.

« Vous administrateurs supé-
» rieurs des départemens d'Indre
» et Loire, de la Vienne et de
» Maine et Loire, vous maires,
» adjoints et membres des con-
» seils municipaux des villes de
» Chinon, Loudun et Saumur
» auxquels ces importantes vé-
» rités sont ici adressées, et aux
» successeurs dans vos places, si
» vous ne daignez pas aujourd'hui
» les entendre, déjà la postérité

» vous appèle dans toute la sé-
» vérité de sa justice, ou pour
» mettre nominativement le sceau
» de la reconnaissance publique
» au zèle et au dévouement avec
» lesquels vous aurez demandé au
» Gouvernement les routes utiles
» aux pays dont la gestion vous
» est confiée, ou pour vous repro-
» cher de la même manière ce que
» vous n'aurez pas fait pour en
» solliciter l'exécution. Les ha-
» bitans de ces contrées sont per-
» suadés, Messieurs, que vous
» choisirez, dans cette imposante
» alternative, ce qu'il y aura de
» plus avantageux pour eux et
» de plus honorable pour vous. »

FIN.